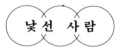

낯 선 사 람

낯선 사람

김도훈

뒤흔들거나 균열을 내거나

한겨레출판

이 책에 실릴 글을 쓰며 몇 번의 위기가 있었다. 낯설다는 건 눈에 익지 않았다는 의미다. 나는 계속해서 진정으로 낯선 사람들로만 채울 수 있으리라 자신했다. 오해였다. 오판이었다. 오만이었다. 완벽하게 낯선 사람이라는 건 사실 존재하지 않는다. 누군가에게는 낯선 사람도 누군가에게는 익숙한 사람일 수 있다. 그래서 글을 쓰는 중반쯤 나는 결심했다. 그냥 낯설다고 주장해야겠다고 말이다. 어쩔 도리 없다.

그래서 이 책은 낯선 사람이라기보다는 누군가에게는

익숙하지만 누군가에게는 낯선 사람들로 채워졌다. 건축을 좋아하는 독자라면 '도대체 프랭크 게리가 왜 낯선 사람이냐'고 분통을 터뜨릴 것이다. 음악을 좋아하는 독자라면 '롭 핼퍼드를 낯선 사람이라고 주장하는 이 빌어먹을 작가의 정신 상태야말로 낯설다'고 화를 내고 싶을지도 모른다. 문학을 사랑하는 사람이라면 '미셸 우엘베크가 왜 이 머저리 같은 제목의 책에 수록됐냐'며 짜증을 낼 것이다. 영화광이라면 로버트 저메키스의 이름을 보며… 아니다. 여기서 멈추도록 하자. 자학이라는 건 글쟁이에게 꼭 필요하지만 책을 낼 때는 그리 좋은 태도가 아니다. 책이라는 건 기고만장하고 자신만만한 태도로 그냥 들이밀어야 세상에 나올 수 있는 법이다. 그렇다. 이렇게 말하고 있는 나의 태도 자체가 이미 자학이다. 어쩔 도리 없다.

나는 이 책을 만들며 사실은 다른 사람에 대한 이야기를 하고 있는 게 아닐 수도 있다는 결론에 이르렀다. 사실 나는 내 이야기를 하고 있었다. 온갖 사람들을 다 끌어와서는 결국 나라는 인간의 머릿속을 맴돌던 수많은 사고를 글로 시험하고 있었다. 그래서 이 책은 때로는 삐딱한 정치적 주장이고, 때로는 무모한 윤리적 불평이고, 때로는 기묘한 미학적 항변이다. 그저 낯선 사람들의 객관적 정보를 알고 싶어 이 책을 고른 독자라면 지나치게 많은 주관적 주장에 숨이 막힐 지경이 되어버릴지도 모른다. 미리 사과드린다. 풍자랍시고 시종일관 구사하고 있는 못된 유머에도 미리 사과드린다. 어쩔 도리 없다.

물론 사과만 하다가 이 서문을 끝낼 수는 없는 일이다. 이 책을 만들며 깨달은 사실이 하나 있다. 나는 결벽증적으로 완벽해서 모두에게 사랑받는 사람을 그리 사랑하는 사람은 아니었다. 나는 심각한 결점이 있는 존재에 항상 끌렸던 것 같다. 타고난 재능에도 불구하고 인간적 결점 때문에 언제나 논쟁의 한가운데 휘말려 든 인간들에게 항상 매혹됐다. 그래서 이 책에 수록된 몇몇은 정점에 올랐다가 마리아나 해구만큼 깊은 명성의 바닥으로 침몰한 인물들이다. 테리 리처드슨은 다시는 카메라를 잡지 못할 것이다. 린제이 로한은 다시는 할리우드의 중심으로 돌아올 수 없을 것이다. 유리 겔러는 영원한 망상적 사기꾼으로 역사에 남을 것이다. 다이앤 포시와 스텔라 테넌트는 고통

속에 생을 마감했다. 어쩌면 이 책은 일종의 안티 위인전에 가까울 것이다. 아이들에게 읽으라고 쉽게 권할 수 있는 책은 역시 아니다. 이런 말을 쓰면 출판사는 싫어하겠지만, 역시, 어쩔 도리 없다.

이 서문을 쓰고 있는 내 옆에는 작가 미셸 우엘베크의 책들이 쌓여 있다. 내가 이 책의 초안이 된 칼럼을 연재할 때도 가장 많은 짜증 섞인 반응을 들었던 인물이 미셸 우엘베크였다. 그러니 나는 어쩔 도리 없이 세상에서 가장 존경받고 미움받는 문학가의 가장 존경받고 미움받는 걸작 《소립자》의 마지막 문장을 대충 이리저리 잘라서 인용하며 이 글을 마칠 생각이다. 유성생식을 하던 미개하기 짝이 없는 인류를 대체한 새로운 종種의 목소리다. 위대한 문학가의 말을 인용하며 글을 끝내다니 이 무슨 경박한 짓인가 싶겠지만, 어쩔 도리 없다.

"이 책의 궁극적인 목적은 우리를 만들어낸 그 불운하지만 용감한 종에게 경의를 표하는 것이다. 원숭이와 크게 다르지 않은 그 종은 고통 속에서 천하게 살았다. 하지만 그들의 마음속에는 고결한 꿈이 있었다. 그 종은 모순덩어리였고 개인적이었고 싸움을 좋아했고 때로는 가공할 폭력을 행사하기까지 했다. 하지만 그들은 선의와 사랑에 대한 믿음을 끝까지 버리지 않았다. 그들이 사라져가고 있는 지금, 우리가 마지막 경의를 바치는 것은 당연한 일이라 생각한다. 이 경의는 언젠가는 잊히고 시간의 모래 속으로 사라져 가겠지만 적어도 한 번은 이렇게 경의를 표할 필요가 있다. 이 책을 인류에게 바친다."

나는 이 책을 인류에게 바칠 정도로 무모하게 자신만만한 사람은 아니다. 대신 나는 이 책을 여기 수록된 모든 낯선 사람들에게 바치고 싶다. 그들 중 많은 사람은 모순덩어리였고 개인적이었고 싸움을 좋아했고 때로는 폭력적이었지만, 적어도 한 번은 이렇게 경의를 표할 필요가 있을 것이다. 이 책을 그들에게 바친다. 어쩔 도리 없다.

차례

"하나의 책이
한 분야의 미래를
바꿀 수 있느냐 묻는다면,
나는 '포시의 책'을 내밀 것이다"

©Robert I.M. Campbell

14 | Dian Fossey

다이앤 포시

고릴라 사회가 받아들인 첫 인간

세계적인 여성 동물학자가 있다. 1930년대에 태어났다. 20대 중반에 아프리카로 건너가 영장류와 함께 살며 그들을 연구했다. 영장류와 인간의 비슷한 점을 많이 발견한 그는 책을 썼다. 그 책은 영장류에 대한 인간의 인식을 완전히 바꾸어 놓았다. 이 글을 읽는 당신의 머릿속에는 이미 전 지구적인 여성 동물학자 이름이 하나 떠오르고 있을 것이다. 침팬지 연구가이자 환경운동가인 제인 구달Jane Goodall이다. 아니다. 나는 제인 구달의 이야기를 하려는 게 아니다. 그는 어떻게 생각해도 이미 낯선 사람이 아니다. 여기서 이야기할 여성 학자는 다이앤 포시다. 고릴라 연구가다.

제인 구달과 다이앤 포시는 동년배다. 전자는 영국인이고 후자는 미국인이다. 둘 다 거의 같은 시기에 아프리카로 건너갔다. 거의 같은 시기에 전자는 침팬지를, 후자는 고릴라를 만났다. 영장류에 대한 제대로 된 조사와 연구는 거의 이루어지지 않은 시대였다. 여성이 과학 영역에서 학위를 받는 것조차 쉽지 않던 시대에 두 사람은 아프리카 오지에 머무르며 영장류와 친구가 됐다. 두 사람의 연구는 영장류에 대한 인류의 인식 자체를 변화시켰다.

침팬지와 구달, 고릴라와 포시

한 가지 재미있는 질문이 있다. 제인 구달에 대한 다큐멘터리는 많이 나왔으나 극영화는 아직 만들어지지 않았다. 다이앤 포시에 대한 다큐멘터리는 한국에서 찾기가 힘드나 극영화는 이미 1988년에 나왔다. 〈에이리언〉 시리즈의 시고니 위버가 다이앤 포시를 연기한 〈안개 속의 고릴라〉Gorillas In The Mist다. 한국에서도 비디오로 출시된 이 영화를 나는 중학교 시절 비디오로 대여해서 봤다. 왜 제인 구달에 대한 영화는 없는데 다이앤 포시에 대한 영화는 있는 거냐고? 제인 구달은 아직 살아 있다. 다이앤 포시는 1985년에 사망했다. 산 사람에 대한 전기 영화보다는 죽은 사람에 대한 전기 영화가 더 많은 법이다.

물론 이유가 하나 더 있다. 제인 구달의 인생은 생각보다 평이하다. 그의 생을 영화로 만든다면 클라이맥스는 아마도 침팬지가 도구를 사용하는 것을 처음으로 발견하는 부분이 될 것이다. 다이앤 포시의 인생은 제인 구달과 달랐다. 구달이 성자라면 포시는 전사였다. 160cm대의 작은 제인 구달과는 달리 키가 180cm가 넘었던 포시는 밀렵꾼들과 끊임없이 싸웠다. 전사의 결말은 항상 같다. 비극이다. 할리우드가 제인 구달이 아니라 다이앤 포시의 전기 영화를 먼저 만든 이유도 여기에 있을 것이다. 그들은 희극보다 비극에 가까운 인생을 더 사랑한다.

다이앤 포시는 1932년 미국 샌프란시스코에서 태어났다. 생물학에 흥미가 있었던 그는 여러 학교를 전전하다가 1954년 데이비스 캘리포니아대UCD 생물학과 수의

학과정으로 갔다. 거기서도 졸업을 못 한 그는 아동병원 작업치료사가 되었다. 그리고 1963년에 6주간 떠났던 아프리카 사파리 여행이 그의 인생을 바꾸게 된다. 다이앤 포시는 여행 중 전설적인 고인류학자 루이스 리키Louis Leakey를 만난다. 그의 활동에 감화받은 포시는 영장류학자가 되기로 마음을 먹고 여러 기구들의 지원금을 타 르완다에 정착한다.

1960년대의 영장류 연구는 지금과 달랐다. 영장류에 대한 기본적인 관찰 연구도 전혀 이루어지지 않은 상황이었다. 침팬지를 연구하려면 침팬지와 살아야 했고, 고릴라를 연구하려면 고릴라와 살아야 했다. 다이앤 포시는 자신의 캠프가 있는 산악지대의 고릴라들과 친분을 쌓기 위해 노력했다. 그들의 행동과 소리를 흉내 내면서 몇 년에 걸쳐 받아들여지기를 기다렸다. 마침내 수컷 고릴라 한 마리가 처음으로 다이앤 포시를 일원으로 받아들였고 이어서 다른 고릴라들도 포시를 환영하기 시작했다. 이것은 인류 역사상 고릴라와 인간이 우호적으로 접촉한 첫 사례였다.

고릴라 지키려 기꺼이 '마녀'로 남다

―――――――――――――――――/――――――――――――――――

가만 생각해보면 놀라운 일이다. 학위도 없어서 무시받던 두 여성이 동시대에 각각 다른 종류의 유인원과 함께 생활하며 그들의 비밀을 밝혀냈으니 말이다. 같은 나이의 여성들이 한 분야에서 대담하고 헌신적인 연구를 통해 동시에 그 영역에서 가장 존경받는 학자들이 된 사례를 본 적이 있는가? 제인 구달과 다이앤 포시는 정말이지 놀라운 선구자들로 기억되어야 한다. 그런데 왜 그들의 운명은 완전히 다른 방향으로 흘러버리고 만 걸까.

1997년, 밀렵꾼들이 다이앤 포시가 연구하던 지역에서 고릴라를 밀렵했다. 포시가 가장 아끼던 수컷 고릴라는 밀렵꾼에 대항해 무리를 지키려다 죽었다. 많은 고릴라가 학살당했고 새끼 고릴라들은 판매용으로 잡혀갔다. 당시 르완다라는 국가는 동물보호 따윈 신경 쓸 여력이 없었다. 내전은 계속됐고 경제는 망했다. 고릴라 고기는 가난한 르완다 사람들에게 팔려나갔다. 고릴라 가죽은 박제가 되어 서구의 부유층에게 팔려나갔다. 새끼 고릴라는 애완동물로 전 세계에 팔려나갔다. 그렇다. 르완다 사람들도 먹고살아야 했을 것이다. 고릴라 고기라도 먹어야 살아남을 수 있었을 것이다. 배고픈 그들에게 다이앤 포시는 거슬릴 정도로 인종차별적인 데다 자신들의 사정을 이해하지 못하는 배부른 제1세계 출신 백인에 불과했을 것이다. 이것은 그러니까 전혀 다른 두 세계의 충돌이다.

다이앤 포시는 르완다 사람들을 이해하려 들지 않았다. 그는 스스로를 마녀라고 부르며 사람들과 싸우기 시작했다. 고릴라 보호구역에 새로 생긴 마을에 불을 질렀고 가까이 오는 사람들에게 오물을 던지며 공격했다. 다이앤 포시는 밀렵꾼과의 전쟁이 아니라 르완다와의 전쟁을 벌이고 있었다. 르완다 정부는 미국 정부에 강력하게 항의했다. 결국 정부의 압력으로 다이앤 포시는 미국으로 돌아갔다. 르완다를 떠나자마자 르완다 정부는 그를 입국 금지 대상으로 정했다. 이미 그 시점에 다이앤 포시의 별명은 '고릴라에 미친년'이었다. 모두에게 존중받던 제인 구달과는 완벽하게 다른 존재가 되어버렸다.

다행히 미국으로 돌아온 다이앤 포시는 밀렵꾼과 싸우면서 시간을 낭비할 필요가 없었던 덕에 1983년 책《안개 속의 고릴라》를 쓸 수 있었다. 이 책은 고릴라라는 영장류에 대한 인류의 인식을 바꾸었다. 멸종해가는 고릴라를 보호해야 한다는 전 인류적인 인식을 처음으로 만들어냈다. 하나의 책이 한 분야의 미래를 정말로 바꿀 수 있냐고 누가 묻는다면 나는 《안개 속의 고릴라》를 내밀 것이다. 이 책은 최재천 교수의 번역으로 2000년대 중반에 한국에서도 발간됐다. 이 글을 읽으면서 다이앤 포시가 더 궁금해진 독자라면 꼭 읽어보시기를 권한다.

1984년 르완다는 다이앤 포시의 입국을 다시 허락했다. 포시는 이를 위해 르완다 주민들과 싸우지 않고 평화적으로 문제를 해결하겠다고 약속까지 해야 했다. 다행히도 포시의 책이 발간된 이후 밀렵은 조금씩 줄었다. 르완다 정부가 군대를 보내 밀렵꾼들을 잡아내기 시작한 것이다. 대신 르완다 정부는 백인 관광객들을 위한 고릴라 관광이 꽤 돈이 된다는 사실을 발견했다. 가난한 나라는 뭐든 이용해야 하는 법이다. 다이앤 포시는 이것 또한 마음에 들지 않았다. 관광 코스 때문에 고릴라들이 스트레스를 받는다며 르완다 정부에 끊임없이 항의했다.

1985년 12월 26일 다이앤 포시는 죽었다. 캠프에서 잠을 자다가 살해당했다. 마체테로 난자당해 죽었다. 르완다인인 밀렵꾼 추적자가 용의자로 체포됐지만 그는 인근 주민들이 살인범이라고 죽는 날까지 주장했다. 현재 가장 유력한 설은 '고릴라 관광'으로 한몫을 잡았던 르완다 정부 관계자가 살해했다는 것이다. 우리는 영영 다이앤 포시를 누가 죽였는지 알 수 없을 것이다. 다이앤 포시가 죽은 지 약 3년 후 영화 〈안개 속의 고릴라〉가 개봉했다. 시고니 위버Sigourney Weaver는 이 영화로 오스카 여우주연상 후보에 올랐다.

포시의 전쟁은 아직 끝나선 안 된다

어떤 사회적 운동이 시작되면 극단의 지점에서 존경받는 아이콘들이 생겨난다. 마틴 루서 킹Martin Luther King Jr.이 있으면 맬컴 엑스Malcolm X가 있다. 마틴 루서 킹은 비폭력 저항을 말했다. 맬컴 엑스는 폭력 혁명을 말했다. 마틴 루서 킹은 노벨평화상을 받았다. 맬컴 엑스는 결코 그 상을 받을 수 없을 것이다. 영화 〈말콤 엑스〉가 흑인 감독 스파이크 리Spike Lee의 손으로 만들어진 때가 1992년이다.

그럼에도 재평가는 이루어지지 않았다. 어쨌거나 그는 폭력을 통해 자신이 원하는 것을 쟁취하려던 사람이다. 맬컴 엑스를 내심 좋아하는 사람조차도 "마틴 루서 킹을 좋아한다"고 말할 수밖에 없는 이유가 있는 것이다. 우리는 밝은 아이콘을 어두운 아이콘보다 더 존경하는 경향이 있다. 다이앤 포시는 결코 제인 구달이 될 수 없다.

다이앤 포시가 죽자 〈월스트리트 저널〉은 이렇게 썼다. "고릴라 보호에 대해 부정할 수 없는 업적을 남겼지만 알코올중독자에 인종차별주의자였고 고릴라를 주변에 살던 아프리카 사람들보다 더 사랑했다." 다이앤 포시는 복잡한 인간이었다. 나는 그를 실제로 만났다면 도저히 존경할 수 없었을 것이다. 나야 뭐 프랑스 혁명보다 영국 명예혁명이 장기적으로는 더 나은 결과를 만들었다고 믿는 반혁명적 온건주의자니 어쩔 도리가 없다. 하지만 나는 그를 싫어하면서도 진심으로 지지했을 것이다. 사랑했을 것이다. 지금도 고릴라 밀렵은 계속되고 있다. 세상에 남은 고릴라는 1000마리가 채 못 된다. 미친년의 전쟁은 아직 끝나지 않았다.

"샤넬이 택한 다섯 번째 병…
항수의 역사가 시작되다"

Ernest Beaux

에르네스트 보

30초에 한 병씩 팔리는
향수 만든 '예술가'

나는 향에 집착하는 편이다. 사실 지금도 향에 둘러싸여 있다. 혼자 사는 남자 냄새를 없애기 위해 가끔 켜는 향초들. 방방마다 자리 잡고 있는 디퓨저들. 세면대 위에는 혼자 사는 남자 집이라기에는 지나치게 많은 향수가 있다. 내가 특히 좋아하는 향수가 있는데, 가죽 향과 타바코 향이 나는 향수다. 향수를 좀 아시는 분이라면 '어지간히 동물적인 걸 쓰네'라고 생각하셨을 것이다. 그렇다. 매우 육중한 향기들이다. 내가 왜 이런 향기들을 좋아하게 됐는지는 잘 모르겠다. 그저 가죽 냄새가 좋아서 가죽 재킷을 모으고, 여전히 연초를 피우는 희귀한 종자여서 그럴 수는 있겠다.

향수를 처음으로 쓰게 된 건 대학에 들어가면서부터 였다. 1990년대에는 향수가 그렇게 대중적인 아이템이 아니었다. 좀 잘 입고 잘 노는 친구들이나 향수를 뿌리고 다니곤 했다. 나도 그런 친구들로부터 향수의 존재를 알게 됐다. 물론 어린 시절부터 어머니가 뿌리는 '샤넬 No.5' 의 향은 알고 있었다. 다만 어머니의 화장대 위에 있던 그 영롱한 액체가 내가 뿌려도 괜찮은 아이템이라는 사실을 마침내 깨닫게 됐다는 이야기다.

'샤넬 No.5'의 창조자

그렇게 처음 구입한 향수가 캘빈 클라인의 '시케이 원'CK ONE이었을 것이다. 만약 이 글을 읽고 있는 독자가 1990년대에 20대를 보냈다면 '시케이 원'이라는 단어를 읽는 순간 절로 떠오르는 향기가 있을 것이다. 레몬과 사과즙이 뒤섞인 채 터져 나오는 특유의 과일 향 말이다. 내가 대학에 들어간 1994년에는 모두가 시케이 원을 뿌리고 다녔다. 불행하게도 1994년은 대한민국 역사상 가장 지독하게 더운 해 중 하나였다. 시케이 원의 상큼한 과일 향이 겨드랑이에 찬 땀 냄새와 결합했을 때 어떤 역효과가 벌어질지 누구도 짐작하지 못했다.

20여 년에 걸친 세월 동안 내 취향은 많이 바뀌었다. 좋아하는 향수도 바뀌었다. 동물적인 향수들이었다. 사실 나는 이 문장을 '남성적인 향수'라고 썼다가 바꿨다. 어쩐지 정치적으로 불공정한 표현처럼 느껴지기 때문이다. 그래서 동물적인 향수라고 부르기로 하겠다. 어느 날 백화점 1층을 걷다가 샤넬 매장을 봤다. 매장으로 들어갔더니 남성용 향수들이 있었다. 어쩐지 거기에는 눈이 가지 않았다. 대신 나는 어린 시절 어머니가 쓰던 샤넬 No.5 병 앞에서 멈췄다. 냄새를 맡았다. 젊은 어머니 냄새가 났다. 아니다. 나는 지금 무슨 향기로 설명하는 오이디푸스 콤플렉스 같은 소리를 하려는 게 아니다. 샤넬 No.5의 창조자에 대한 이야기를 하려는 것이다.

이 전설적인 향수의 냄새를 모르더라도 당신은 마릴린 먼로Marilyn Monroe의 말은 기억하고 있을 게 틀림없다.

먼로는 "당신은 무엇을 입고 자나요?"라는 기자의 질문에 이렇게 답한 것으로 유명하다. "샤넬 No.5요." 그렇다. 샤넬 No.5는 마릴린 먼로의 보이지 않는 잠옷이었다. 이건 그러니까 샤넬 No.5가 인류 역사에서 얼마나 상징적인 아이템인지를 증명하는 일화다. 샤넬 No.5는 그냥 향수가 아니다. 인류의 삶에 새로운 공공 소비재를 소개한 존재나 다름없다.

이 향수를 창조한 조향사 에르네스트 보는 1883년 모스크바에서 태어난 러시아인이다. 샤넬 No.5 이전에도 향수는 있었다. 클레오파트라도 향수를 애용했다는 역사적 사실이 남아 있으니 인류는 언제나 향수와 함께해온 셈이다. 그러나 어디까지나 향수는 오랫동안 상류층의 사치품이었다. 향수를 사업으로 바꾼 것은 패션에 관심 없는 독자라도 모를 리 없는 디자이너 가브리엘 샤넬Coco Chanel이다. 그리고 그 사업을 탄생시킨 것은 조향사 에르네스트 보였다.

에르네스트 보는 1898년 겨우 열다섯의 나이로 러시아 향수회사 '랄레'에 들어갔다. 거기서 향수 제조법을 배운 그는 1920년 프랑스 남부에서 후원자의 도움으로 '랄레'를 공동으로 창업했다. 그때까지만 해도 향수 제조법은 자연적이었다. 조향사들은 천연의 재료들을 채집해서 향수를 만들었다. 그러나 에르네스트 보의 생각은 달랐다. 자연의 향을 더 강하게 지속되도록 만들기 위해서는 인공적인 향이 더해져야 한다고 생각했다. 그래서 합성향료인 알데하이드를 사용하기 시작했다. 놀라운 발상이었다. 알데하이드는 화학약품 냄새가 났기 때문이다. 당시에도 알데하이드를 시험하던 조향사들은 있었으나 이걸 다량으로 가장 먼저 사용하기 시작한 사람이 에르네스트 보다.

향수의 역사를 만들었다는 직감

샤넬 No.5를 '최초의 현대식 향수'라고 부르는 이유가 여기에 있다. 1920년, 당대의 디자이너 가브리엘 샤넬은 자신의 이름을 딴 향수를 만들고 싶어 했다. 그가 선택한 조향사는 에르네스트 보였다. 샤넬은 그 당시 너무나 흔하던 장미 향기가 아닌 여성의 향기를 원했다. 에르네스트 보는 각각의 번호가 새겨진 여러 향수를 제작했다. 그 중 가브리엘 샤넬이 고른 것은 다섯 번째 병이었다.

1922년에 샤넬 No.5가 발매되자 사람들은 이 향에 매혹됐다. 에르네스트 보는 일랑일랑, 재스민, 장미 등 온갖 비싸고 귀한 재료를 아낌없이 넣고는 그걸 알데하이드 특유의 화학약품 냄새와 섞어버렸다. 그러자 희한하게도 향의 마술이 벌어졌다. 어디에서도 맡아본 적 없는 복합적으로 매혹적인 향이 났다.

샤넬은 이 향수의 탄생을 축하하기 위해 향수가 판매되고 있지 않았던 남프랑스의 휴양지에서 친구들과 저녁식사를 했다. 그가 식사 중 샤넬 No.5를 뿌리자 지나가던 여성이 발을 멈추고 물었다. "이 신비로운 향은 뭐죠?" 그때 샤넬은 직감했다. 자신이 만든 향수가 역사가 되리라는 것을 말이다.

샤넬 No.5가 대량 생산되기 시작한 1924년부터 향수의 세계는 예전 같을 수 없었다. 모든 향수 회사들이 알데하이드를 사용하기 시작했다. 패션디자이너가 자신의 이름을 건 향수를 생산한 것도 샤넬이 처음이었다. 지금은 모든 패션 브랜드들이 향수를 판다. 그러니까 지금 당신의 세면대나 화장대를 장식하고 있는 모든 브랜드의 향수는 사실 샤넬 No.5의 유산인 것이다. 샤넬 No.5는 아직도 세계에서 30초에 한 병씩 팔려나간다.

역사적인 향수를 창조한 에르네스트 보는 가브리엘 샤넬의 절친한 친구이자 비즈니스 파트너가 됐다. 그가 샤넬 No.5 이후 좀 더 풍성한 꽃향기가 나는 '샤넬No.22'를 발표하자 또다시 큰 인기를 얻었다. 샤넬 No.5를 좀 더 가볍게 느낄 수 있는 '샤넬 No.5 오 드 투알레트'Eau de toilette도 그가 만든 것이다. 1928년에 발표한 '수아르 드 파리'Soir de Paris도 격찬을 받았다. 좀 더 젊은 여성에게도 어울리는, 우아하지만 사랑스러운 이 향수 역시 여전히 생산되고 있다. 우리는 샤넬의 향수를 맡으면서 100년의 역사를 동시에 흡입하는 것이다.

최고의 향기를 만들어낸다는 것

에르네스트 보는 1954년 은퇴했다. 조향사도 늙는다. 코도 늙는다. 후각도 늙는다. 전설적인 조향사도 은퇴해야 하는 날이 오는 것이다. 하지만 70대의 나이로 은퇴했으니 오랫동안 명성을 누린 셈이었다. 그는 1961년 79살의 나이로 사망했다. 파리의 아파트에서 다소 외롭게 죽었다. 교회에서 열린 장례식은 완전히 장미로 장식돼 있었다.

그는 1953년 〈타임〉과의 인터뷰에서 이렇게 말했다. "조향은 작곡과 같습니다. 각각의 요소들이 모여서 명확한 음조를 만들죠. 저는 (향수로) 왈츠도 장송곡도 만들 수 있습니다." 정말 근사한 답변이다. 사실 나는 이 글을 '조향사'라는 직업이 진정한 아티스트 중 하나로서 더 널리 평가받기를 원하는 마음으로 쓰고 있다. 향을 만드는 건 정말이지 예술가의 작업이다.

사실 지금 내 화장실 세면대에는 샤넬 No.5가 올려져 있다. 아니다. 어머니 향기가 그리워서는 아니다. 나는 그렇게 유아기적인 사람은 아니다. 게다가 많은 사람이 어머니에게 집착하는 중년 남성을 징그러워한다는 사실도 잘 알고 있다. 그저 나는 향수 애호가로서 '레이어링'Layering을 시험하고 있을 뿐이다. 레이어링은 여러 다른 향수를 겹쳐 뿌려 새로운 향을 창조하는 행위다. 샤넬

No.5는 내가 좋아하는 가죽 향과 궁합이 꽤 좋다. 이것이 적어도 이 글을 읽는 독자에게 드릴 수 있는 유일하게 실용적인 팁일 것이다.

"부패한 정치를
풍자하기 위해
섹스를 이용하다"

©AFP

Cicciolina

치치올리나

1987년 보수적인 이탈리아에서
국회의원이 된 포르노 스타

'포르노'라는 단어를 처음으로 배운 건 신문에서였다. 〈한겨레〉가 창간하기 1년 전이었다. 〈조선일보〉 국제면에 소개된 그 기사는 이렇게 시작된다. "이번 이탈리아 총선에서 젖가슴까지 드러낸 옷차림으로 맹렬히 선거운동을 벌여 화제를 모았던 헝가리 태생의 포르노 스타 일로나 스탈러 Elena Anna Staller, 37세양이 개표 결과 2만여 표를 획득, 당당히 하원의원에 당선됐다." 1987년 6월 18일자 기사다. 만약 당신이 1987년에 세상에 존재하지 않았던 사람이라면 여기까지만 읽고도 어안이 벙벙해졌을 것이다.

그렇다. 1987년 이탈리아 총선에서는 포르노 배우가 국회에 진출했다. 맙소사, 1987년은 대체 무슨 시대였을까? 여성이 의회에 진출하는 것 자체가 뉴스이던 시절이다.

세상을 놀라게 한 배우 출신 정치인

내친김에 이날 국제뉴스들을 더 알아보자. 톱뉴스는 '갈수록 거세지는 유럽의 보수 회귀 바람'이다. 첫 문장을 인용하면 다음과 같다. "유럽 대륙의 보수 회귀 바람이 시간이 지날수록 더욱 거세어지고 있다. 영국 대처 내각 구성에서 막을 연 보수화 시대가 1983년 서독 기민당, 1986년 프랑스의 시라크 우파 연합정부 등장으로 이어지다가 이번 여름 영국-이탈리아 총선에서는 보수세력의 연승과 공산당의 참패로 발전하고 있다." 역시 세계는 보수와 진보가 번갈아가며 망쳐왔다는 증거처럼 읽힌다. 다음 부분도 재미있다. "국가 간 협력과 인류애를 앞세운 좌파 쪽의 인터내셔널리즘이 밀려나고 그 자리에 자국의 이익을 우선시하는 내셔널리즘이 들어서고 있는 것이다. 갈수록

날카로워지는 국가 간 경제 마찰과 불투명한 미래가 이러한 경향을 부채질하고 있다." 이 문단은 2022년 국제 동향을 다루는 기사에 한 글자도 바꾸지 않고 그대로 실어도 썩 어울릴 것 같다. 옛날 신문을 읽는 건 정말이지 흥미진진한 일이다.

1987년 이탈리아 국회의원이 된 포르노 배우 일로나 스탈러는 이탈리아어로 '귀엽고 통통한 소녀'를 뜻하는 '치치올리나'라는 예명으로 더 유명한 인물이다. 1951년 헝가리 수도 부다페스트에서 태어난 그는 1964년부터 모델로 활동하기 시작했다. 1968년에는 호텔에서 일하며 만난 이탈리아 남자와 결혼해 이탈리아로 건너가게 되고, 1970년대 초반에는 포르노 제작자를 만나 섹스를 다루는 라디오 쇼에 출연해 명성을 얻는다. '치치올리나'라는 예명은 이때부터 쓰기 시작했다. 그리고 1983년 〈텔레포노 로소〉(빨간 전화)라는 영화를 통해 본격적인 포르노 배우로 데뷔한다. 이후 미국판 〈플레이보이〉 지면에 등장할 만큼 유명해진 치치올리나는 정치에 뛰어든다.

치치올리나는 포르노 배우가 되기 전부터 정치에 관심이 많았다. 그는 이미 1979년에 이탈리아 최초의 녹색

당인 '태양당' 후보로 공천을 받았다. 당시 이탈리아에는 주목받는 여성 정치인이 거의 없었다. 지금도 그렇지만 이탈리아는 1970~80년대의 서유럽에서 가장 보수적인 국가였다. 정치·문화 등 거의 모든 분야가 압도적으로 남성의 손에 의해 움직였다. 포르노 배우로 활동하면서 지속적으로 정치 활동을 하던 치치올리나는 1985년 '급진당'으로 당적을 옮긴다. 급진당은 일찍부터 나토NATO 가입과 핵에너지에 반대하고 대마 합법화를 외치던, 당시 이탈리아에서 가장 진보적인 정치 세력이었다. 그리고 1987년 총선에 출마한 치치올리나는 마침내 자신이 원하던 국회의원으로 선출된다.

세상이 뒤집혔다. 당시 세계의 모든 뉴스 채널은 치치올리나의 국회의원 당선을 무슨 러시아 혁명을 다루듯 보도했다. 포르노 배우가 한 나라의 국회의원이 됐다는 사실은, 이미 포르노가 합법화된 국가들에서조차 상상할 수 없던 사건이었다. 나 역시 당시 TV 뉴스에서 치치올리나를 본 어렴풋한 기억이 있다. 환호하는 지지자들에게 한쪽 가슴을 내보이는 유명한 장면이었다. 10대인 나로서는 도무지 그 장면이 삼켜지지가 않았다. 같이 TV를 보던 부모님이 채널을 돌렸는지 아닌지는 기억나지 않는다만, 채널을 돌리지 않으셨으니 여전히 그 장면을 기억하는 것일 게다.

충격적이고 파격적인, 그러나 진실된 공약들

치치올리나는 계속해서 해외 토픽에 등장했다. 임기 중인 1990년 걸프전이 터지자 그는 이라크 독재자 사담 후세인이 전쟁을 포기하고 평화를 선택한다면 그와 섹스를 하겠다는 공약(?)을 발표했다. 사랑(아니, 섹스)으로 세계 평화를 쟁취하겠다는 치치올리나의 발표는 웃음거리가 됐다. 하지만 그는 진지했을 것이다. 진심으로 자신의 성적 매력이 전쟁을 멈출 수 있는 엄청난 도구라고 생각했을 것이다.

어떤 이탈리아인들은 치치올리나를 국가적 수치로 여겼다. 이 글을 읽는 당신 역시 치치올리나를 진지한 인물로 받아들이는 것을 꺼릴 것이다. 하지만 그는 섹스를 단순히 선거에서 이기기 위해서만 사용한 것은 아니었다.

치치올리나는 서유럽에서 가장 부패하고 보수적이던 이탈리아 정치를 풍자하기 위해 섹스를 이용했다. 마피아의 돈이 좌지우지하던 이탈리아 정계에서 그는 대중의 속을 시원하게 풀어주는 일종의 유희로 받아들여지기도 했다. 철학자 움베르토 에코Umberto Eco는 치치올리나의 국회의원 당선을 두고 "부도덕함에 대항하는 부도덕함"이라고 말했는데, 그보다 더 적절한 표현은 찾기 힘들 것이다.

국회의원이 된 치치올리나는 이탈리아 특유의 과두정치를 끊임없이 비판했다. 남성 국회의원들을 자신의 애칭을 풍자한 '치치올리니'(귀여운 뚱뚱한 남자애들)라고 불렀다. 치치올리나는 거침없었다. 그는 국회 단상에 올라가 "정부가 바뀌어도 나라 문제는 그대론데, 여러분 얼굴도 언제나 그대로네요"라고 비웃었다. 치치올리나는 보수적인 이탈리아 학교 시스템에 제대로 된 섹스 교육이 필요하다고 주장한 첫 번째 인물이었다. 그는 누구도 환경에 관심 없던 시절 급진적 환경정책과 동물권을 주창했다. 국회의원직을 맡은 5년 동안 이탈리아, 아니 서유럽에서 그처럼 진실되게 진보적인 주장을 펼치는 정치인은 거의 없었다. 한쪽 가슴을 드러내는 퍼포먼스는 끝내 포기하지 않았지만 말이다.

치치올리나의 정치적 생명은 5년 뒤에 끝났다. 다시 국회의원으로 선출되는 일은 없었다. 1991년 치치올리나는 현존하는 작가 중 최고의 몸값을 지닌 아티스트 제프 쿤스Jeff Koons와 결혼했다. 그리고 자신들의 섹스를 작품으로 만들어 공개하며 세상을 뒤흔들었다. 유명한 주류 아티스트가 자신의 포르노를 작품화한 것은 역사상 처음이었다. 두 예술적 관종의 만남은 이른 이혼으로 끝났다. 이후 오랫동안 잊혔던 치치올리나는 2021년 미국 최대 포르노 사이트 폰허브Pornhub에서 보티첼리의 작품 〈비너스의 탄생〉을 패러디해 만든 홍보 영상에 비너스로 출연해 다시 잠깐 뉴스에 등장했다. 루브르박물관은 "명작의 무단 사용을 좌시하지 않겠다"며 폰허브를 고소했지만, 어차피 보티첼리의 작품 역시 르네상스 시절에는 일종의 포르노였을지 누가 아는가. 여하튼 치치올리나는 칠순이 된 지금도 세상을 흔드는 방법을 잘 알고 있는 듯하다.

이전에는 없던 정치 아이콘

마지막 질문이 남는다. 치치올리나는 대체 어떤 존재로 역사에 남을까? 썩어빠진 이탈리아 정치가 만들어낸 거대한 농담? 그저 전 세계에 가슴을 드러내고 싶었던 역사적 관종? 아니면 성적 매력을 정치적 화력으로 바꾸어낸 여성 정치의 아이콘? 이 글을 여기까지 읽어낸 당신은 포르노 배우를 진지한 여성 정치인으로 받아들이는 데 상당한 불편함을 느낄지도 모른다. 세상에는 다양한 인간이 존재한다. 포르노를 반대하는 남성도 있다. 포르노 합법화를 찬성하는 여성도 있다. 포르노 산업의 여성 착취를 비판하는 남성도 있다. 여성을 위한 포르노를 제작하는 여성 감독도 있다. 물론, 포르노를 지난 반세기 동안 합법적 엔터테인먼트로 소비해온 서구와 우리의 잣대는 조금 다를 것이 틀림없다. 확실히 치치올리나는 진지하게 평가하기 조금 난감한 인물이다.

다만 치치올리나는 자신이 가진 것을 가장 열렬한 방식으로 이용해 잠시나마 이탈리아 정계, 아니 세계를 흔들었다. "나는 전투적인 여성"이라고 외치며 국회에 들어가 남성들의 정치적 자긍심에 상처를 내고 그것을 즐겼다. "핵 에너지는 다운! 섹스 에너지는 업!"이라는 그의 유명한 슬로건은 지금 돌아보자면 지나칠 정도로 순진무구한 구석이 있다. 그러나 나는 그만큼 진심으로 가득한 정치 슬로건을 지난 몇 년간 들어본 적이 없는 것 같다. "과도한 민주주의가 국가를 망친다"며 철의 곤봉을 휘둘렀던 마거릿 대처가 20세기 여성 정치의 아이콘이라면, 치치올리나도 20세기 정치의 역사책에서 자신만의 챕터를 보장받을 권리가 있을 것이다. 치치올리니의 세계에 치치올리나가 있었다.

인간은
고양이 모래를 발명함으로써
고양이의 가축이 되는 길을 선택했다"

ⓒEdward Lowe Foundation

Edward Lowe

에드워드 로

고양이를 도시형 반려동물로
만든 위대함

인류 역사상 가장 위대한 발명품은 뭘까? 이 질문을 읽는 당신 머릿속에는 수많은 인류 자산들이 떠오를 것이다. 문자, 숫자, 바퀴, 비행기 등등. 만약 당신이 아이를 키우는 아빠라면 일회용 기저귀야말로 가장 위대한 발명품이라고 답하고 싶을 것이다. 자취하는 학생이라면 전자레인지야말로 삶을 구원한 발명품이라고 답할 것이다. 그건 어쩌면 당신이 사는 장소의 위도에 따라 달라질 수도 있다. 이를테면 작고한 싱가포르의 총리 리콴유李光耀는 인류의 가장 위대한 발명품이 에어컨이라고 말했다. 이유는 매우 독재적으로 합리적이다. 에어컨은 열대 국가인 싱가포르에서도 사람들이 더위에 허덕이지 않고 열심히 일할 수 있도록 만들어준 물건이기 때문이다. 리콴유에게는 이 굉장한 기계장치야말로 자신이 통제하던 작은 적도의 도시 국가를 산업화시킨 일등 공신이었을 것이다.

포유류 두 종의 운명을 바꿔놓은 모래

확실히 에어컨은 인류 문명을 한 단계 진화시킨 발명품이 맞다. 엔지니어 윌리스 캐리어Willis Carrier가 1902년에 발명한 에어컨은 1920년대부터 본격적으로 미국 전역에 보급되기 시작했다. 그때까지만 해도 미국 문명의 중심은 동부였다. 뉴욕이나 시카고, 필라델피아 같은 대도시들도 다 동부에 있고, 크게 오르지도 크게 떨어지지도 않는 기후를 가진 서부의 캘리포니아 정도가 이 도시들에 견줄 만했다.

에어컨이 발명되자 사람들은 마침내 남부를 재발견했다. 여름이면 찾아오는 엄청난 폭염 때문에 좀처럼 성장하지 않던 도시들에 에어컨이 달린 건물들이 생겨났다. 사람들이 모이자 휴스턴, 애틀랜타, 댈러스 같은 거대 도시들이 빠르게 성장했다. 싱가포르도 방콕도 두바이도 마찬가지였다. 사람들은 이글이글 끓어오르는 적도의 도시에서도 슈트를 입고 일할 수 있게 되었다. 이건 열대의 인류에게는 혁명적인 일이나 마찬가지였을 것이다.

이젠 내 차례다. 인류 역사상 가장 위대한 발명품은 뭘까? 나는 이 질문에 수많은 대답을 내놓을 수 있다. 그러나 지금 내 머릿속에 떠오르는 발명품은 방구석에 위치한 플라스틱 상자 속에 들어 있는 '고양이 화장실용 모래'다. 고양이 모래 따위가 어떻게 위대한 발명품일 수 있냐고? 곁에 있는 고양이 집사들에게 한번 물어보시라. 그들 역시 나와 같은 대답을 내놓을 것이다. 미리 말하자면 이 모래는 고양이라고 불리는 한 포유류 종의 운명을 바꾸어놓았다. 종을 다른 차원으로 진화시켰다고 말해도 지나친 과장은 아닐 것이다. 동시에 이 모래는 인간의 운명을 바꾸어놓았다.

고양이는 모래에 배변을 한다. 길고양이들은 도심 사이사이에 있는 화단을 화장실로 멋지게 사용한다. 집 안에서 사는 고양이들은 고양이용 화장실에 적당히 부어둔 고양이용 모래에 배변을 한다. 강아지처럼 가르칠 필요도 없다. DNA에 새겨져 있는 습성이다. 고양이라는 동물은 원래 이집트 지역에서 왔다. 그 시절 고양이는 배변을 한 뒤 항상 모래로 덮는 습관이 있었다. 그래야 천적이 배설물 냄새를 쉽게 맡을 수 없기 때문이었다. 살고자 생긴 습관은 수만 년이 흐르며 본능이 됐다. 그런데 그 본능은 반려동물로서의 고양이에게는 커다란 약점이 되었다. '고양이 배변용 모래를 매번 어떻게 구하고, 어떻게 처리할 것인가?' 고양이를 키우기 위해서는 화장실 문제를 해결해야 한다. 반드시 해결해야만 한다.

당신은 개똥 냄새에는 익숙하지만 고양이 똥 냄새는 맡아본 적이 거의 없을 것이다. 오로지 육식만 하는 고양이의 똥은 냄새가 엄청나게 강하다. 고양이 소변 냄새와 비교하자면 개의 소변 냄새는 탈취제 향이나 마찬가지다. 사막 출신들이라 물을 개만큼 많이 마시지 않으니 소변의 농축 정도도 더 진하다. 그래서 고양이는 개만큼 빠르게 도시인들의 반려동물로 자리 잡지 못했다. 고양이란 동물은 자연에서 대소변을 해결할 수 있는 시골 동네에서나 키우는 반려동물이었다. 도시 사람들은 모래, 재, 혹은 톱밥을 이용해 어떻게든 이 골치 아프게 까탈스러운 화장실 본능을 가진 동물과 살아보려고 했다. 그럼에도 까다로운 뒤처리와 냄새는 반려동물로서 고양이가 가진 최대의 약점이었다. 육체적 아름다움과 사랑만으로는 극복할 수 없는 동거의 장벽이 세상에는 존재하게 마련이다.

고양이들이여, 로를 찬양하라

먼 훗날 고양이들이 진화해서 자신들의 역사를 책으로 남긴다면 1947년이라는 해와 에드워드 로라는 이름이 반드시 기록될 것이다. 에드워드 로는 1920년에 태어난 위대한 미국인 발명가이자 사업가이다. 그가 어떤 위대한 발명품을 만들었냐고? 고양이 화장실용 모래다. 그는 1947년 미시간주의 카소폴리스라는 소도시에서 아버지와 함께 작은 잡화상을 운영했다. 어느 날 드레이퍼 부인이라고 알려진 여성이 그를 찾아왔다. 부인은 고양이를 키우고 있었다. 산책을 나가지 않는 집고양이였다. 드레이퍼 부인은 바깥에서 모래를 퍼서 고양이 화장실로 쓰고 있었는데 강력한 추위에 모래가 얼자 대신해서 먼지가 풀풀 날리는 재를 사용하고 있었다. 그것마저 떨어지자 드레이퍼 부인은 에드워드 로의 가게에서 톱밥을 사려고 했다. 어떻게든 배설물을 뭔가에 덮어야 하는 고양이의 습성상 톱밥도 괜찮은 대안이었을 것이다.

에드워드 로는 톱밥을 팔지 않았다. 대신 그는 부인에게 '산성백토'산성을 띤 하얀 흙·Fuller's earth라고 불리는, 곱게 말린 점토 광물을 건넸다. 로는 물이나 기름 유출을 방지하기 위해서는 톱밥보다는 말린 산성백토가 더 효과가 좋다는 사실을 알고 있었다. 흡수력이 뛰어나기 때문이다. 딱히 로가 고양이에 대해서 잘 알고 있었는지는 모르겠지만 드레이퍼 부인은 크게 만족했다. 고양이가 이 모래에 대소변을 보자 모래는 진득한 대소변을 흡수하며 굳었다. 굳은 부분만 퍼내서 버리면 그만이었다. 소문은 금방 퍼져나갔다. 에드워드 로라는 사람이 파는 모래가 고양이 화장실용으로 딱이라는 소문이었다. 그는 거기서 사업의 가능성을 봤다. 점점 더 많은 사람들이 고양이를 개와 동등한 반려동물로 받아들이고 싶어 하던 시기였다. 더 많은 사람들이 실내에서 고양이를 키울 수 있는 조건을 필요로 하게 될 터였다.

에드워드 로는 '키티 리터'Kitty Litter라는 브랜드를 만들었다. 후에 '벤토나이트 모래'라고 불리게 되는 고양이 화장실용 점토 모래의 시작이었다. 시작부터 모두가 이 마법의 모래를 원했던 것은 아니었다. 유통업자들은 그의 발명품을 구입하길 망설였다. 어디에나 있는 모래를 퍼서 쓰는 것이 훨씬 싸기 때문이었다. 로는 좌절하지 않았다. 그는 전국을 돌며 직접 '키티 리터' 모래를 팔기 시작했다. 소비자들은 로의 마음처럼 움직였다. 고양이를 집에서 키우며 화장실 문제로 골치를 앓던 사람들이 로의 모래를 구입한 뒤 동네의 모든 고양이 집사들에게 권했다.

1964년 에드워드 로는 대형 유통 업체에 자신의 발명품을 판매하기 위해 '타이디 캣'Tidy Cat이라는 브랜드를 출시했다. 그리고 1990년 연매출이 거의 2억 달러(2216억원)에 달하던 회사를 매각했는데, 오늘날 환율로 환산하면 4억 달러에 이른다. 이제 사람들은 에드워드 로를 '새로운 상품을 창조하고, 시장에 선보이고, 하나의 산업 자체를 발명한 사람들'을 대표하는 교과서적 인물 중 하나로 평가한다.

나는 13년째 고양이를 키우고 있다. 내가 고양이를 키울 수 있게 된 것은 이 혁신적으로 사랑스럽게 진화한 종이 너무 사랑스럽기 때문만은 아니다. 이 글을 읽는 여러분 중 몇몇은 어쩌면 남편을 원하고 있을 테지만 설거지, 육아와 청소 능력이 진화하지 않은 남편을 집에 들이는 일은 꺼려할 것이다(올바른 선택이다!). 우연히 만난 길고양이를 집으로 덜컥 데려온 나의 결단도 마찬가지였다. 고양이 모래라는 발명품이 없었더라면 나는 고양이를 도심의 아파트에서 키운다는 대담한 선택을 할 수 없었을 것이다.

요즘 고양이 모래는 1947년 에드워드 로가 발명한 '키티 리터'보다 더 놀랍다. 고양이가 대소변을 보는 순간 모래는 거의 단단한 시멘트처럼 굳는다. 냄새까지 완벽하게 잡아준다. 이것은 정말이지 과학의 승리라고 말할 수밖에 없다. 프랑스의 사회학자인 마르셀 모스는 "인간은 개를 가축화했다. 고양이는 인간을 가축화했다"고 말한 적이 있다. 이걸 다시 말하자면 "인간은 개를 가축화했다. 인간은 고양이 모래를 발명함으로써 고양이의 가축이 되는 길을 선택했다"고 해도 좋을 것이다.

우리는 덜컹거리며 빠르게 진화한다

코로나 팬데믹 시기에 집에 머무르는 날이 많아졌을 때 더욱 이 모래의 놀라운 기능성에 감탄했다. 냄새도 나지 않았다. 먼지도 나지 않았다. 나는 단단하게 굳은 고양이 똥을 퍼내면서 생각했다. 인간은 확실히 굉장한 존재다. 우리는 언제나 무언가를 계속해서 발명해낸다. 그리고 발명은 우리의 '과학적인 두뇌'와 강렬한 관계가 있다. 세상은 정치로 가득한 것처럼 보이지만 누군가의 필요를 알아챈 몇몇 발명가와 과학자에 의해 움직이기도 한다. 그리고 그 필요로부터 자본의 냄새를 맡은 기업들에 의해 움직이기도 한다. 몇 년 전만 해도 나는 전기자동차가 이처럼 빠르게 상업화될 것이라고는 상상도 하지 못했다. 그때는 거대한 석유산업이 전기자동차의 대중화를 막을 것이라는 음모론도 썩 믿을 법해 보였다. 세상은 쓸모없는 음모론보다 항상 빠르게 진화한다.

팬데믹도 끝이 없어 보였다. 스페인 독감처럼 지구의 인구를 쥐어짜듯 줄이고야 끝날 것만 같았다. 그러나 인간은 1년이 채 지나지 않아 백신을 개발했다. 심지어 전에 존재하지 않던 메신저리보핵산mRNA 백신을 만들어냈다. 기존 백신처럼 약한 세균을 우리 몸에 집어넣는 것이 아니라 신체 면역 반응을 유도하는 단백질을 세포에 가르치는 방식이다. 사실 이건 나로서도 도저히 더 쉽게 설명을 할 수가 없다(과학이란 복잡한 것이기도 하다!). 중요한 것은 인류 문명이 위기를 맞이하자 겨우 1년 만에 인류가 스스로 해결책을 내놓았다는 사실이다.

가만 생각해보면 그건 결국 집에서 고양이를 키우기 위해 벤토나이트 모래를 발명한 것과 그리 다른 일이 아니다. 기겁할 정도로 귀엽지만 사람 말을 좀처럼 듣지 않는 소형 포유류 하나를 도시형 반려동물로 만들기 위해 화장실 모래를 발명한 족속들이라면 바이러스와 싸우는 방법도 당연히 발명할 것이다. 그건 과학에 대한 믿음이기도 하지만 인간에 대한 믿음이기도 하다.

인간이라는 종은 어떻게든 덜컹덜컹거리며 점점 옳은 방향으로 진화하는 희한한 존재다. 결국 우리는 화성에 사람을 보낼 것이다. 동물을 죽이지 않고 동물성 단백질을 섭취하는 방법을 알아낼 것이다. 기후변화를 더디게 만들 산업혁명을 이룩할 것이다. 장애인들이 불편함 없이 이동할 수 있는 수단을 만들어낼 것이다. 성별이나 육체적 힘에 관계없이 중노동을 소화할 수 있는 도구를 개발할 것이다. 인간은 과학과 함께 진화하고 있다. 그 진화의 길에 이 귀엽기만 하지 별 쓸모는 없고 기어이 모래에만 똥을 싸는 털 덩어리 포유류가 함께할 수 있다는 것은 정말이지 축복이다.

력 의도가
ᅡ 창작물을
ᅵ 받아들여야 할까"

©Bridg

i Riefenstahl

레니 리펜슈탈

불순한, 그러나 미학적인
히틀러의 치어리더

히틀러의 치어리더. 이 말을 듣는 순간 당신은 에바 브라운Eva Braun을 떠올릴 것이다. 지구 역사상 최악의 독재자와 최후를 함께했던 여성이다. 나에게 히틀러의 치어리더라는 단어는 인류 역사상 가장 재능이 있었던 한 다큐멘터리 감독을 먼저 떠올리게 만든다. 레니 리펜슈탈이다. 이 이름이 낯설다면 유튜브로 들어가서 〈올림피아〉Olympia와 〈의지의 승리〉Triumph des Willens를 검색해보시라. 전자는 베를린올림픽을 기록한 다큐멘터리다. 후자는 뉘른베르크 나치 전당대회를 담은 다큐멘터리다. 당신은

'내가 왜 나치 프로파간다'를 봐야 하는 거냐고 반문할지도 모른다. 그러게나 말이다. 레니 리펜슈탈은 일종의 금지어 같은 존재다. 영화 예술에 커다란 영향을 끼쳤지만 누구도 그의 이름을 쉬 꺼내지 못한다. 그러니까 우리는 리펜슈탈의 영화를 보기 위해 이런 마음의 준비를 해야하는 것이다. 만약 어떤 놀라운 역사를 담은 창작물의 정치적 의도가 불순하다면 우리는 그것을 어떻게 받아들여야 할까?

놀랍도록 불순했던 '나치 찬양' 다큐

리펜슈탈은 독일 베를린의 부유한 집안에서 태어났다. 그는 부모의 반대를 무릅쓰고 1923년 무용가로 활동을 시작한다. 그가 무용가로 활동하면서 가장 관심이 있었던 것은 인간의 육체였다. 잘 만들어진 인간의 몸이 가진 아름다움과 강인함을 표현하는 것은 이후 예술가로서 활동할 때도 지속적인 관심사가 된다. 무릎 부상을 입고 무용가로서의 길을 포기해야 했던 리펜슈탈은 곧 다른 예술에 빠져든다. 그는 독일 감독 아르놀트 팡크Arnold Fanck의 〈운명의 산〉The Holy Mountain을 보고 큰 감동을 받아 당대 유행하던 '산악 영화' 붐에 올라탄다. '산악 영화'는 대자연에 도전하며 정신과 육체의 한계를 넘어서는 인간의 이야기들을 다룬 장르였다. 리펜슈탈은 이 장르의 영화들에 배우로 출연하자마자 당대 베를린에서 가장 사랑받는 여성 배우 중 한 명이 되었다. 나머지 한 명은 전설적인 마를레네 디트리히Marlene Dietrich이다.

리펜슈탈의 꿈은 그저 카메라 앞에 서는 것이 아니었다. 그는 1931년 리펜슈탈영화사를 만들었고 이듬해에 첫 연출작인 〈푸른 불〉Die Blaue Licht을 제작했다. 여기서 영화 역사상, 혹은 인류 역사상 가장 필연적이면서도 비극적인 제안이 들어오게 된다. 거대하고 압도적인 자연에서 인간 승리를 다루는 리펜슈탈의 작품에 감화를 받은 사람은 다름 아닌 오스트리아 화가 출신의 약간 정신이 나간 지도자였다. 아돌프 히틀러Adolf Hitler는 뉘른베르크 나치 전당대회를 기록하기 위한 영화감독을 찾고 있었다. 리펜슈탈은 결국 히틀러의 제안을 받아들이게 된다. 히틀러는 당시 떠오르던 '영화'라는 매체를 프로파간다로서 이용할 꿈을 꾸고 있었다. 리펜슈탈은 단순히 배우로 머무르지 않고 카메라 뒤에서 모든 것을 지휘하는 연출가가 되고 싶었다. 거래는 윈윈이었다.

리펜슈탈이 처음으로 만든 히틀러 주문 영화는 1933년 작 단편인 〈신념의 승리〉Der Sieg des Glaubens이다. 1933년 8월 30일에 열린 제5차 나치 전당대회를 기록한 이 단편은 히틀러의 마음에 쏙 들었다. 그리고 인류 역사상 가장 찬양받고 미움받는 장편 다큐멘터리가 탄생했다. 1935년 뉘른베르크 나치 전당대회를 기록한 〈의지의 승리〉이다. 이건 그야말로 괴물 같은 영화다. 바그너의 장중한 음악이 흐르고 비행기가 뉘른베르크에 도착한다. 히틀러가 인간들의 영토에 처음으로 강림하는 신처럼 내리자 사람들은 "하일 히틀러!"를 외치며 환호한다. 전당대회가 시작되고 나치 돌격대, 나치 친위대 등 히틀러의 직속 부대들이 뉘른베르크로 모여든다. 리펜슈탈은 히틀러 유겐트 젊은이들이 히틀러를 향해 보내는 순진무구해 보이는 선망을 카메라에 계속해서 담았다. 히틀러는 말한다. "여러분은 우리의 살이며 피입니다. 여러분의 마음속에서 어른의 마음에서 불타는 정신과 똑같은 정신이 있습니다. 우리의 거대한 행렬이 독일을 행진하고 있는 지금, 여러분도 그 행렬에 있습니다."

이건 다큐멘터리가 아닐지도 모른다. 아니, 우리는 어쩌면 다큐멘터리라는 장르 자체를 오해하고 있는 걸지도 모른다. 우리에게 다큐멘터리의 정의는 '기록 영화'다. 사실을 있는 그대로 기록하는 영상 매체다. 그러나 인간이 카메라 뒤에 서 있는 이상 다큐멘터리의 정의는 종종 흔들린다. 사실을 있는 그대로 기록한다는 것은 어쩌면 함정이다. 사실을 카메라의 작은 프레임 속에 담고, 음악을 깔고, 편집을 하는 순간 사실은 다시 인간의 손으로 쓰인 일종의 허구가 된다. 〈의지의 승리〉는 그 아이러니의 대표 사례다. 이후 리펜슈탈은 단순히 히틀러의 부탁으로 전당 대회를 기록했을 뿐이라고 계속해서 변명했다. 그러나 리펜슈탈의 〈의지의 승리〉는 그저 기록물이 아니다. 그는 히틀러를 다가올 독일의 미래를 책임질 신성한 존재로 담아내기 위해 모든 영화적 기술을 모조리 활용했다. 리펜슈탈의 카메라는 좀처럼 히틀러를 정면에서 잡아내지 않는다. 대신 히틀러를 끊임없이 아래에서부터 위로 잡는다. 아래에는 언제나 수많은 나치 당원들의 젊고 숙연하고 열광적인 얼굴이 있다. 리펜슈탈은 그저 기록하지 않았다. 현대 영화에서 주로 사용되는 많은 기법을 총동원해 나치의 위대함을 '영화적'으로 다시 재조합했다.

지나치게 아름다운 영상들

히틀러는 만족했다. 대만족했다. 〈의지의 승리〉가 '영상 프로파간다'로서 나치즘에 대한 최고의 선전물이 될 수 있다는 것을 직감한 히틀러는 리펜슈탈에게 베를린올림픽 다큐멘터리 연출을 맡겼다. 〈올림피아〉는 지금까지도 올림픽을 담은 최고의 다큐멘터리로 기록된다. 리펜슈탈은 히틀러의 아낌없는 지원으로 당대 최고의 장비를 모조리 사용해 〈올림피아〉를 찍어냈다. 지금 다시 보아도 〈올림피아〉는 놀라운 경험이다. 리펜슈탈은 '육체'가 갖는 강인한 힘을 거대한 화면에 담아내는 모든 영화적 기술을 총동원했다. 그리스 신전의 조각들을 아름답게 담아내던 카메라는 곧 올림픽의 몇몇 중요한 순간들로 옮겨가고, 남성과 여성의 육체는 카메라 앞에서 아름다운 기계장치처럼 움직인다. 뛰는 선수들 옆에 카메라를 설치하는 등 리펜슈탈만의 기법은 지금 올림픽 중계 촬영의 어떤 기본적인 원칙을 고안해낸 것이나 마찬가지이다.

2차 세계대전이 끝나자 리펜슈탈은 전범으로 기소됐다. 당연한 일이었다. 그가 원했든 원하지 않았든 〈의지의 승리〉와 〈올림피아〉는 아리안족의 우수성을 최첨단 매체에 결합시킨 나치 프로파간다로서 열렬하게 사용됐다. 리펜슈탈이 히틀러의 제안을 받아들인 것은 악마와의 악수나 다름없었다. 그는 끊임없이 자신을 방어했다. 그는 "정치에는 관심이 없다. 지시에 따라 만든 것뿐이다. 오직 영화 미학만을 생각했다"고 끝까지 법정에서 무죄를 주장했다. 결국 리펜슈탈은 전범 재판에서 무죄를 받았다. 그러나 법적으로 무죄를 받았어도 세상은 용서하지 않았다. 히틀러와 나치즘에 기생하며 영예를 얻은 감독이라는 비난이 평생 그를 따라다녔다.

리펜슈탈은 1962년부터 아프리카 누바족의 삶을 10년 동안 기록한 사진집 〈누바〉Die Nuba를 1973년에 내놓는다. 2002년, 100살의 나이로 스쿠버 다이빙을 배운 뒤 제작한 영화 〈물 아래의 인상〉Impressionen unter Wasser은 그의 마지막 작품이 되었다. 오욕의 이름으로도 계속해서 카메라를 손에서 놓지 않았던 리펜슈탈은 이듬해 죽었다.

우리는 리펜슈탈의 영화를 계속 볼 수 있어야 하는가? 거기에 대해서는 이미 답이 나와 있다. 그의 작품들은 금지되지 않았다. 당신은 DVD로 그의 작품들을 다시 볼 수 있다. 유튜브나 다른 동영상 공유 사이트에서 〈의지의 승리〉와 〈올림피아〉를 찾는 것도 불가능하지 않다.

인류 역사상 가장 거대한 '혐오'를 바탕으로 수천 만명을 학살했던 나치 프로파간다 영화를 보는 건 매우 불편한 경험이지만, 리펜슈탈의 천재성은 심지어 한 세기가 흐른 지금 보아도 지나치게 아름다운 영상들을 만들어냈다. 그 천재성은 히틀러라는 인물의 적극적인 지원과 지시를 통해 불타올랐다. "맥박이 뛰는 관자놀이나 활처럼 팽팽하게 긴장된 근육을 통해서 고군분투하는 인간의 육체를 그리고 싶었을 뿐"이라고 변호한 리펜슈탈이 자신의 말을 스스로 믿고 있었는지도 의문이다. 하지만 볼 수 있는 것과 볼 수 없는 것은 다르다.

표현물 금지는 유아적 해법일 뿐

우리는 리펜슈탈의 영화를 보면서 윤리적 딜레마를 경험한다. 그리고 그 딜레마를 통해 정치와 카메라와 예술가의 윤리를 다시 생각하게 된다. 표현물의 '금지'는 우리로 하여금 이런 딜레마를 경험할 길 자체를 막아 세운다. 금지는 가장 손쉽고도 유아적인 해결법일지도 모른다.

김일성 회고록이 2021년에 출간됐다. 제목은 《세기와 더불어》이다. 김일성이 태어난 1912년부터 해방 직후인 1945년까지의 항일 투쟁을 담은 이 책은 북한에서 출간된 버전처럼 8권이 1세트다. '장군님 축지법 쓰시네' 같은 유사종교적인 기술들은 없다. 하지만 책이 발간되자 난리가 났다. 보수단체들은 대한민국 정통성과 자유민주주의 질서를 훼손한다는 이유로 판매금지 가처분신청을 냈다. 한국의 많은 온라인 서점들은 책을 구매한 소비자가 처벌받을 가능성이 있다는 이유로 판매를 중지하고 '절판' 꼬리표를 달았다. 문제는 역시 국가보안법이다. 국가보안법 7조는 '반국가단체나 그 구성원 또한 지령을 받은 자의 활동을 찬양, 고무, 선전하는 행위'를 처벌하게 되어 있다.

맞다. 그것은 낡은 유물이다. 더는 실질적인 효력이 없을지도 모른다. 하지만 아직도 국가보안법은 살아 있다. 적어도 책 한 권을 잠시 판매중단 시킬 정도로는 살아 있다.

사실 나는 이 책을 출간한 출판사 쪽의 책 소개를 보고 잠깐 웃음을 터뜨렸다. "20여 년간 영하 40도를 오르내리는 혹독한 자연환경을 극복하며 싸워온 투쟁기록을 고스란히 녹여낸 진솔한 내용을 수채화처럼 그려냈다"는 소개는 이 책이 일종의 프로파간다라는 점을 확실히 한다. 특히 수채화처럼 그려냈다는 표현은 정말 재미있다. 대개 우리는 맑고 아름다운 감성과 광경을 '수채화'라고 표현하는 경향이 있다. 나는 이 일종의 아이러니한 농담 같은 표현을 읽으며 "이거야말로 투명한 이적이 맞네"라며 낄낄거렸다. 당연히 한국 법원은 이를 금지하지 않았다. 법원은 회고록 판매와 배포를 금지해달라는 시민단체의 가처분 신청을 기각했다. 출판 단체는 다음과 같이 말했다. "이번 법원의 결정은 '국가보안법상 이적표현물' 규정이 더 이상 출판의 자유를 침해하는 장치로 사용될 수 없음을 보여줬다는 점에서 중요한 의미를 가진다." 나는《세기와 더불어》의 판매가 다시 재개되기를 간절히 기다리고 있다. 평소 수채화 같은 글을 잘 쓰지 못하는 나로서는 수채화처럼 그려냈다는 것이 도대체 무슨 의미인지 궁금해 죽을 지경이기 때문이다.

만약 이 글을 읽고 리펜슈탈이 궁금해졌다면 유튜브에서 〈올림피아〉의 마지막 장면을 찾아보시기를 권한다. 손기정은 달린다. 달리고 또 달린다. 리펜슈탈은 선수들의 복부에 부착한 카메라를 통해 그들의 발이 땅을 박차고 달리는 것을 보여준다. 리펜슈탈은 이 모든 것을 슬로모션으로 담았다. 근육으로 만들어진 다리와 발이 천천히 바닥과 붙었다 떨어진다. 화면을 보는 우리는 손기정이 된다. 그의 발이 된다. 그의 육체가 된다. 그의 고통이 된다. 그의 꿈이 된다. 그리고 손기정의 꿈은 히틀러의 치어리더에 의해 영원히 기록됐다. 고통스러울 정도로 아름다운 딜레마다. 혹은 아름답지만 고통스러운 딜레마다.

"그의 얼굴은
'오직 아름답다는 이유만으로
스타가 되는 시대는 끝났다'는 선언이다"

©Paola Kudacki

Adam Driver

애덤 드라이버

영화가 끝난 뒤 더 잘생겨 보이는 남자,
대체 왜?

이건 순전히 미남에 대한 이야기다. 프랑스 배우 알랭 들롱Alain Delon이 86세에 안락사를 결정했다. 그의 결정은 아들 앙토니 들롱Antony Delon이 라디오 인터뷰에서 밝히면서 전 세계에 알려졌다. 그는 "아버지가 나에게 안락사를 부탁했다"며 끝까지 아버지와 동행하기로 했다고 말했다. 알랭 들롱이 곧바로 죽음을 실행에 옮기는 것은 아니다. 그는 2019년부터 뇌졸중으로 고통받았고, 안락사를 결정한 것은 그 이후인 것으로 보인다. 현재 알랭 들롱은 안락사가 합법인 스위스에서 살고 있다. 그는 몇 해 전에 "특정 나이, 특정 시점부터 우리는 생명유지장치 없이 조용하게 떠날 권리가 있다"고 말하기도 했다. 우리는 전설적인 스타의 예고된 죽음을 기다리는 신세가 되어버린 셈이다.

'미남력'의 원년 쓴 알랭 들롱

알랭 들롱의 안락사 결정에 대한 뉴스는 프랑스나 미국보다도 오히려 한국에서 많이 쏟아졌다. 한국의 40대 이상 세대에게 알랭 들롱은 아이콘이다. 배우로서 아이콘이기도 하지만 결정적으로는 '미남'의 아이콘이다. 내가 알랭 들롱이라는 이름을 처음으로 들은 건 심지어 알랭 들롱의 영화를 보기도 전이었다. 1980년대 알랭 들롱은 한국에서 '아랑 드롱'이라고 불렸다. 어머니는 잘생긴 남자 배우만 등장하면 "아랑 드롱 같네"라고 했다. 아랑 드롱이라는 이름을 하도 많이 들은 나머지 나는 그 이름이 실존하는 사람의 것이 아니라 '미남'이라는 의미의 프랑스어 단어가 아닌가 생각했을 지경이다.

처음으로 본 알랭 들롱의 영화는 〈태양은 가득히〉Purple

Noon, 1960였다. 퍼트리샤 하이스미스Patricia Highsmith의 추리소설을 원작으로 한 이 영화는 파괴적으로 아름다웠다. 하류층 삶을 살던 주인공 리플리가 부잣집 아들을 죽이고 그의 신분으로 살아간다는 이야기는 이후 맷 데이먼, 주드 로 주연의 〈리플리〉The Talented Mr. Ripley, 1999로 다시 만들어졌다. 그러나 아무리 생각해도 〈리플리〉는 〈태양은 가득히〉를 따라갈 수 없다. '미남력'에 있어서 그렇다. 〈태양은 가득히〉의 주인공은 순수하게 아름다운 피조물이자 순결하게 악마적인 괴물이다. 당시 영화감독들은 그런 범죄자 역할에 미남 배우를 출연시키지 않았다. '범죄자형 배우'라는 카테고리가 따로 있었다. 그러나, 알랭 들롱이 살인마 역할을 맡자 모든 것이 달려졌다. 그의 거의 비이성적인 아름다움은 오히려 〈태양은 가득히〉에 기묘한 비애를 불어넣었다.

알랭 들롱은 좋은 배우였던가? 그의 영화들을 다시 보면 그가 당대의 또 다른 프랑스 배우들만큼 다양한 연기를 잘 해내는 배우는 아니었던 것 같다. 그도 그 사실을 아마 알고 있었을 것이다. 그래서 그는 가벼운 로맨스나 코미디보다는 범죄 영화에 끊임없이 출연했다. 장피에르 멜

빌Jean-Pierre Melville이라는 거장과 손잡고 〈한밤의 암살자〉Le Samouraï, 1967, 〈암흑가의 세 사람〉The Red Circle, 1970 같은 '프렌치 누아르' 영화들을 만들었다. 일본 작가 시오노 나나미塩野七生는 "알랭 들롱은 미남이지만 어쩐지 풍기는 분위기가 천하다. 그래서 밑바닥 인생을 연기하면 매력이 산다"고 자신의 책에 쓴 적이 있다.

나는 나나미의 의견에 찬성한다. 알랭 들롱은 자신의 아름다움이 과하다는 사실을 알고 있었다. 과도한 아름다움은 스크린에 등장하는 순간 모든 빛을 흡수해버린다. 그래서 아름다운 배우의 연기는 조금 덜 아름다운 배우의 연기보다 확실히 저평가받는 경향이 있다. 알랭 들롱은 차가운 범죄 영화가 자신의 아름다움을 누그러뜨리고 연기를 돋보이게 만들어줄 무기라고 생각했던 것이 틀림없다. 당대의 미남 스타들은 종종 자신의 아름다움을 파괴하는 작품에 출연하며 배우로 거듭나는 경우가 있다. 장동건이 연기자로 인정받기 위해 김기덕의 영화에 출연했던 시기를 떠올려보시라. 그 모든 미남 배우들의 '연기파' 행보는 어느 정도는 다 알랭 들롱에게 빚을 지고 있는 거나 마찬가지다.

애덤 드라이버는 Z세대형 미남?

영화의 역사는 어떤 면에서 미남과 미녀들의 역사다 (하지만 일단은 미남에 대해서만 이야기해보자). 우리는 알랭 들 롱 이후로도 수많은 알랭 들롱을 보아왔다. 1980년대에 리처드 기어Richard Gere와 톰 크루즈Tom Cruise가 있었다면, 1990년대 이후로는 브래드 피트Brad Pitt, 레오나르도 디카 프리오Leonardo DiCaprio가 있었다. 그들은 당대의 배우인 동 시에 당대의 미남이었다. 미남의 기준이 무엇인지 모르겠 다면 그냥 알랭 들롱이나 톰 크루즈, 브래드 피트의 젊은 날 사진을 보면 된다.

미남의 또 다른 기준은 명품 향수 광고에 등장하느냐 아니냐다. 2012년 브래드 피트는 향수 '샤넬 No.5'의 모 델이 됐다. 가장 유명한 여성 향수의 모델로 남성이 기용 된 첫 사례였다. 그 광고는 '당신이 이 향수를 쓴다면 브래 드 피트 같은 미남의 유혹을 받을 것입니다'라고 부르짖 고 있는데, 그 부르짖음에는 정말이지 응하지 않을 도리 가 없다. 그래서 나도 '샤넬 No.5'를 샀다. 그걸 뿌릴 때마 다 생각한다. "이건 미남의 향기라기보다 어머니의 향기에 더 가깝군."

지난 몇 년간 내가 가장 충격을 받았던 장면 중 하나는 2021년에 나온 할리우드 배우 애덤 드라이버의 버버리 향수 광고였다. 그는 바다에서 상반신을 탈의한 채 말을 타고 있었다. 애덤 드라이버는 좋은 배우다. 하지만 그는 내가 생각하는 미남 향수 모델의 모든 것을 배반하는 얼굴을 가진 남자다. 아, 당신은 어쩌면 애덤 드라이버라는 이름을 지금 처음 들어봤을지도 모르겠다. 그는 할리우드의 가장 불타오르는 젊은 스타다. 드라마 〈걸스〉Girls로 인지도를 쌓은 애덤 드라이버는 새로운 〈스타워즈 시퀄 3부작〉에서 한 솔로의 아들이자 악역으로 등장했다. 이후 그는 마틴 스코세이지Martin Scorsese, 코언 형제Coen brothers, 짐 자무시Jim Jarmusch 같은 거장들의 영화에 출연했다. 2020년 그는 넷플릭스 영화 〈결혼 이야기〉Marriage Story로 오스카 남우주연상 후보에 올랐다. 2021년에는 리들리 스콧Ridley Scott의 〈라스트 듀얼: 최후의 결투〉The Last Duel와 〈하우스 오브 구찌〉House of Gucci에서 모두 주연을 맡았다. 지금 전 세계에서 애덤 드라이버만큼 활활 타오르는 남성 스타는 거의 없다고 해도 과언이 아닐 것이다.

하지만 애덤 드라이버는 미남인가? 나의 오랜 기준에서 그는 어떻게 보아도 미남은 아니다. 나는 애덤 드라이버가 얼마나 잘생겼고 섹시한지에 대한 찬사를 소셜미디어에서 종종 마주한다. 그럴 때마다 "아무리 그래도 미남은 아니지요"라는 댓글을 달고 싶은 누추한 욕망에 시달린다. 미남도 아닌 주제에 미남의 기준을 가르고 앉아 있는 나 자신이 더 누추하게 느껴진다는 말은 꼭 하고 넘어가야겠다. 나는 사실 이 글을 쓰기 전 인터넷을 뒤지고 뒤져 '애덤 드라이버는 잘생겼는가?'라는 질문에 대한 해답을 찾으려 애썼다. 인터넷에는 정말이지 그의 외모에 대한 많은 기사가 있다. 제목들은 대개 이렇다. 'Z세대는 왜 애덤 드라이버를 매력적이라고 생각하는가' '어느 시점부터 애덤 드라이버는 잘생긴 것으로 받아들여지기 시작했나' '왜 여성들은 애덤 드라이버를 사랑하는가'. 기사들을 아무리 꼼꼼히 읽어봐도 정답은 없다. 대개의 기사는 이렇게 결론 내린다. 애덤 드라이버는 새로운 시대의 미남이다.

가만 생각해보면 우리는 더는 영화 속에서 압도적인 미남을 볼 수 없다. 물론 우리에게는 여전히 밤새워 얼굴을 파먹고 싶은 배우들이 있다. 로버트 패틴슨Robert Pattinson이 있고 티머시 샬라메Timothée Chalamet도 있다. 하지만 그들 역시 알랭 들롱은 아니다. 브래드 피트도 아니다. 우리가 지난 백 년간 생각해온 미남의 조건을 완전히 갖추고 있지는 않다. 어딘가 살짝 비틀리고 비어 있는 얼굴들이다. 혹시 완벽한 미남이라는 것의 고전적 의미는 사라지고 있는 걸까? 우리는 완벽하게 좌우대칭으로 꽉꽉 채운 미남의 향연을 더는 스크린으로 보고 싶어 하지 않는 것일 수도 있다. 대신 각자의 개성을 지닌 수많은 형태의 각기 다른 아름다움을 보고 싶어 하는 것일지도 모른다. 나에게 애덤 드라이버의 얼굴은 오직 얼굴이 아름답다는 이유만으로 스타가 되는 시대는 끝났다는 선언처럼 보이기도 한다. 그러니 미남에 대한 나의 낡고 고답적인 기준은 무너져야 마땅할 것이다.

애덤 드라이버는 대체 왜 미남인가?

만약 당신이 애덤 드라이버가 남성의 외모에 유독 관

대한 시대의 상징이라고 말한다면, 나는 거기에 완벽하게 반박할 답변을 갖고 있지 않다. 솔직히 그렇다. 여자들은 10kg을 빼도 여전히 더 빼야 할 것 같은 죄책감에 시달리는데, 남자들은 5kg만 빼도 거울 앞에서 세상에서 제일 잘생긴 남자가 된 것처럼 군다. 하지만 나는 당신이 흥행에서 지나치게 실패한 나머지 봤다는 사람을 찾기도 힘든 리들리 스콧의 〈라스트 듀얼〉을 감상하기를 권한다. 영화 속에서 여자 주인공들은 애덤 드라이버를 보자마자 그의 잘생김을 호들갑스럽게 예찬한다. 나는 그 장면에서 잠깐 실소를 터뜨렸으나 영화가 끝나는 순간 그들의 예찬에 동의할 수밖에 없었다. 아마 당신도 그럴 것이다. 그러고는 나와 똑같은 고민을 시작할 것이다. 애덤 드라이버는 도대체 왜 미남인가?

죽어야만 하나,
유독 여성 스타들의 몰락을
ㅐ정하게 뒤쫓는다”

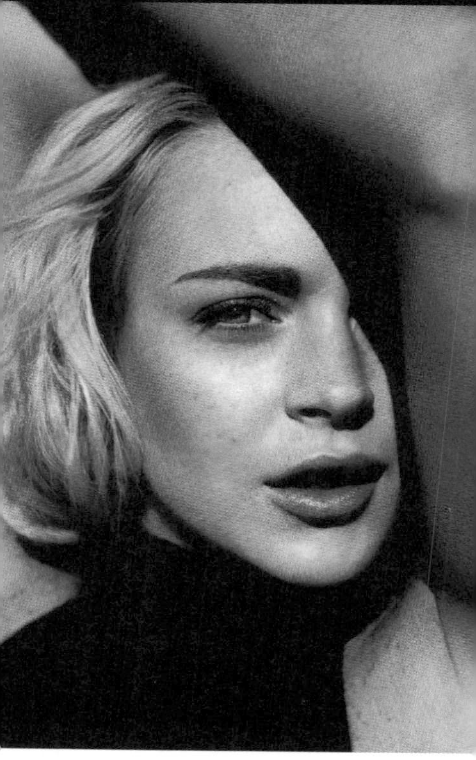

©N

lsay Lohan

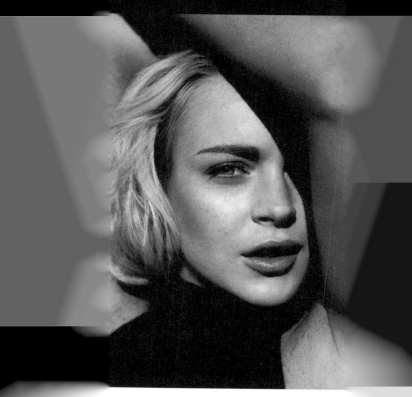

린제이 로한

오락거리로 소비된
짧은 전성기를 누린 하이틴 스타

나는 미국 십대 학교 코미디를 좋아한다. 물론 나는 미국에서 십대 시절을 보낸 적이 없다. 그럼에도 나는 작은 마을 학교에서 하루를 마치고 집에 돌아가는 길에, 마리화나를 피우는 미식축구부원들에게 걸려서 갈굼을 당한 뒤, 씩씩대며 방구석에서 헤비메탈을 듣다가 새아빠의 "갓 댐 잇! 턴 오프 더 뮤직!"이라는 외침을 들은 적이 있는 것만 같다. 〈최선의 삶〉이라는 올해 최고의 독립영화 중 하나를 찍은 이우정 감독을 만났을 때 그는 할리우드 십대 코미디에 대한 애정을 고백하며 "어쩐지 미국 고등학교 식당 구석에서 외롭게 혼자 감자튀김을 먹은 적이 있는 것 같아요"라는 말을 한 적이 있다. 이 글을 읽는 당신도 어쩌면 그런 '유사 경험'을 해본 적이 있을 것이다.

할리우드 십대 코미디 장르가 그리는 세계는 일종의 소우주에 가깝다. 착하지만 인간적인 흠도 있는 주인공이 소우주로 들어서면서 영화는 시작된다. 그는 곧 우주의 법칙을 발견한다. 잘생기고 돈도 많지만 거만하기 짝이 없는 미식축구부원과 치어리더들이 우주의 중심이다. 당신은 우주의 중심으로 진입하고 싶다. 그래서 우주의 주변부에서 겨우 살아가는 친구들을 배신하고야 만다. 하지만 당신은 곧 그것이 인간의 선한 본성에 어긋나는 짓이라는 사실을 뒤늦게 깨닫는다. 이어지는 눈물과 화해, 그리고 화끈한 복수! 드라마!

'악녀 만들기' 작정한 듯한 언론

만약 당신이 이 장르의 최고 걸작을 보고 싶다면 내가 권하고 싶은 영화는 넷플릭스에 있는 〈퀸카로 살아남는

법〉Mean Girl, 2004이다. 아프리카에서 어린 시절을 보내고 미국으로 돌아온 소녀가 정글과도 같은 십대들의 세계 속에서 어떻게 자신으로 살아남는가에 대한 이야기다. 사실 이 영화를 정점으로 할리우드에서 가벼운 십대 코미디 장르는 거의 사라지다시피 했다.

2020년대의 십대 코미디는 좀 더 진중한 장르로 진화해 '십대 자살'이나 '인종 문제'를 과감하게 다룬다. 영화는 시대에 따라 진화하는 법이니 이런 변화도 자연스럽다. 하지만 나는 여전히 2000년대에 전성기를 누린 십대 코미디에 향수를 느끼곤 한다. 할리우드도 제법 순진한 시절이 있었다는 증거처럼 보이기 때문이다.

〈퀸카로 살아남는 법〉은 배우 린제이 로한의 대표작이다. 이 글을 읽는 당신은 린제이 로한이라는 이름을 오랫동안 잊어버린 채 살아온 중년일 것이다. 혹은, 린제이 로한이라는 이름을 처음 들어보는 세대일지도 모른다. 만약 세상에 '할리우드 사전'이라는 게 있다면 린제이 로한이라는 이름은 '짧은 전성기를 누리고 몰락한 하이틴 스타'를 의미하는 단어일 것이 틀림없다.

물론 어린 시절 전성기를 누린 뒤 몰락한 아역 스타

는 많다. 〈나 홀로 집에〉Home Alone 시리즈의 맥컬리 컬킨 Macaulay Culkin이나 〈터미네이터2〉Terminator 2, 1991의 에드워드 펄롱Edward Furlong을 한번 떠올려보시라. 그러나 세상은 유독 린제이 로한의 실패한 경력에 관심이 많다. 나는 지금 거기에 '성별'의 차이가 있다고 감히 주장할 생각이다.

린제이 로한은 3살 때부터 아역 모델로 활동했다. 수많은 광고로 이른 나이부터 돈을 벌어들이던 그는 12살이 되던 1998년에 디즈니 영화 〈페어런트 트랩〉The Parent Trap에서 주연을 맡았다. 어린 시절 이혼한 부모에 의해 길러진 쌍둥이 소녀가 여름 캠프에서 우연히 서로를 만나게된다는 이야기다. 린제이 로한이 1인 2역을 맡은 이 영화는 거의 1억 달러에 가까운 블록버스터급 흥행 성적을 거뒀다. 2003년 작 〈프리키 프라이데이〉Freaky Friday 역시 1억 달러가 넘는 수익을 거뒀다. 앞서 말한 〈퀸카로 살아남는법〉이 성공을 거두자 린제이 로한은 겨우 18살의 나이로 당대 할리우드 최고 스타 중 하나가 됐다.

때 이른 스타덤은 종종 족쇄가 된다. 린제이 로한은 엄청난 명성과 부를 스스로 통제하기에는 지나치게 어린 나이였을지도 모르겠다. 부모들도 꽤 문제가 많은 인간들이었다. 딸의 돈을 노린 두 사람은 마치 자신들이 셀레브리티라도 된 양 폭행과 이혼과 소송으로 미디어를 장식했다. 린제이 로한의 삶은 어긋나기 시작했다. 2000년대에는 스타들의 사생활을 쫓는 파파라치들의 난동이 극에 달한 시절이었다. 소셜미디어도 갓 발명됐다. 린제이 로한은 브리트니 스피어스Britney Spears, 패리스 힐튼Paris Hilton과 함께 당대 할리우드를 대표하는 '파티걸'이 됐다. 술과 마약이 뒤따랐다. 아역 시절부터 전 미국인의 사랑을 받던 소녀가 몰락해가는 모습은 매일매일 언론에 의해 노출됐다.

당신은 그 모든 추락이 린제이 로한이 자초한 일이라고 생각할 수도 있다. 그는 지나친 과소비로 2010년에 파산 선고를 받았다. 보호관찰 위반으로 징역형을 받은 적도 있다. 그가 데뷔 이후 낸 교통사고는 모두 5천 번이 넘는다. 당연히 연기도 제대로 하지 못했다. 출연하는 영화는 족족 실패했다. 몇몇 감독들은 린제이 로한이 불성실한 태도로 영화를 망쳤다며 비난했다. 하지만 그 모든 지옥도가 갓 10대를 넘어서 20대로 달려가는 여성이 홀로 만든 결과라고 말할 수는 없다. 세상은 린제이 로한을 악녀로 만들기 위해 작정을 한 것처럼 보였다.

2005년에는 파파라치가 특종을 만들기 위해 린제이 로한이 탄 자동차와 일부러 충돌하는 일까지 벌어졌다. 그 시절의 사진을 보면 린제이 로한은 공허한 눈빛으로 무언가에 취한 채 인상을 쓰거나 울거나 파파라치를 향해 소리를 지르고 있다. 누구도 그를 구원할 생각은 없었다. 모두가 린제이 로한의 몰락을 마음속으로 몰래 즐기고 있었다. 우리는 술과 마약에 빠져 스스로의 커리어를 박살 낸 남성 스타들을 꽤 많이 알고 있다. 그런데 이상하게도 언론은 유독 여성 스타들의 몰락을 더욱 매정하고 비정하게 뒤쫓는다.

픽션의 세계에서도 오랫동안 대중문화는 나락으로 떨어지는 여성의 삶을 일종의 엔터테인먼트로 재생산해왔다. 여성을 주인공으로 한 비극은 〈안나 카레니나〉Anna Karenina 이후로 끊임없이 문학과 음악과 영화에서 변주됐다. 아시아 영화 역사에서 '여성 잔혹극'이라 이름 붙일 영화들을 제외한다면 역사를 제대로 쓸 수도 없을 지경이다. 여성의 비극을 다루는 작품들은 현실 세계 속에서 박해받고 속박당한 여성의 지위를 거울처럼 반영한다는 점에서 가치가 있을 것이다. 안나 카레니나가 오랫동안 사랑받은 이유는 남성이 지배하는 귀족 사회에서 스스로의 감정을 솔직하게 드러냄으로써 비극적인 결말을 맞이하는 드물게 생생한 여성 캐릭터이기 때문이다. 하지만 몇몇 고전의 지위에 오를 작품들을 제외한다면 여성 잔혹극은 지나치게 자주 반복되어온 경향이 있다. 이건 우리가 여성의 추락을 남성의 추락보다 더 드라마틱한 무언가로 간주한다는 어떤 증거에 가까울 것이다.

대선 정국에 떠오른 파파라치의 집념

나는 지난 선거 기간 매일매일 포털에 뜨는 대선 관련 기사들을 보면서 린제이 로한을 먹이로 삼던 파파라치들의 집념을 마주하는 듯했다. 우리는 조국보다도 안대를 한 정경심의 사진을 더욱 신나게 공유하며 비웃었다. 이재명을 둘러싼 가십만큼이나 김혜경의 사적인 전화 통화와 소셜미디어 존재의 진위를 더욱 집요하게 궁금해했다.

그의 수행원이 검은 망토를 입고 나타난 순간 언론은 '다스 베이더'라는 표현을 기사 속에 써가며 신나게 오보를 날렸다. 우리는 윤석열보다도 김건희의 과거에 대한 가십을 더욱 즐겁게 소비한다. 심지어 진보 여성 정치인들도 김건희를 예의 영어 이름으로 부르며 소셜미디어에서 '좋아요'를 갈구한다. 그들 모두에게는 허점이 있을 수도 있다. 문제가 있을 수도 있다. 비밀이 있을 수도 있다. 과오가 있을 수도 있다. 물론이다. 대선에서는 후보만큼이나 배우자의 도덕성도 중요하다. 하지만 우리가 남성 정치인들보다도 반려자들의 추락을 더욱 즐거운 엔터테인먼트처럼 소비한다는 사실까지 부인할 수는 없다.

린제이 로한은 돌아왔다. 오랫동안 대중의 눈을 떠나 있던 그는 크리스마스용 로맨틱 코미디를 찍었고 이 영화는 2022년에 넷플릭스를 통해 공개되었다. 스틸 사진이 공개되자 숨죽이던 오랜 팬들의 환호성이 쏟아졌다. 하지만 기쁜 마음으로 영어 기사들을 검색하다가도 팬들은 결국 쓴웃음을 짓고야 말았다. 많은 기사가 린제이 로한의 컴백을 환영하는 척하면서 사진 속 달라진 얼굴로부터 어떻게든 '성형'의 흔적을 캐내려 애쓰고 있었기 때문이다. 세상은 퀸카가 살아남기를 바라지 않는다. 킹카들의 세상에서 결국 퀸카는 죽어야만 하는 것이다.

앨범 재킷 사진

"추월의 시대, 이젠 누구도
일본 드라마를 보며
도쿄를 꿈꾸지 않는다"

近藤真彦

곤도 마사히코

일본 버블(거품) 경제의 상징

　1980년대의 초등학생들은 삼삼오오 모여 '긴기라기 니'라고 노래를 불렀다. 그 시절 나는 경상남도 마산에 살 았다. 부산도 그렇지만 일제강점기 때 항구로 성장한 마 산 역시 일본 문화가 빠르게 전해지던 도시였다. 가라오 케도 시내 곳곳에 생겨났다. 합법적으로 상륙한 것은 아 니었다. 1998년 김대중 정부가 일본 문화를 개방하기 전 까지 일본에서 오는 모든 문화와 제품은 불법이었다. 사 람들은 불법을 좋아하는 법이다.
　1980년대의 많은 초등학생은 보따리장수들이 수입한

코끼리 밥통을 들고 다녔다. '조지루시 마호빈'이 생산한 이 밥통을 한국인들은 코끼리 밥통이라 불렀다. 조지루시는 코끼리표라는 뜻이다. 나도 코끼리 밥통을 들고 다녔다. 점심시간에 도시락을 열면 다들 감탄했다. 뜨거운 국에서 김이 모락모락 올라왔다. 코끼리 밥통은 가히 선진국의 유물 같은 것이었다.

1980~90년대 곤도 마사히코의 노래 '긴기라긴니 사리게나쿠'ｷﾝｷﾗｷﾞﾝﾆさりげなく는 다른 나라 젊은이들에게 동경의 대상이던 일본 문화를 상징하는 것 중 하나였다. 지금 일본은 그의 노래 가사처럼 '화려했지만 자연스럽게' 추월의 대상이 되고 있다.

당시 한국은 일본을 도저히 따라갈 수 없는 변방의 촌구석이었다. 1980년 한국의 국내총생산GDP은 일본의 17분의 1가량에 불과했다. 한국의 1인당 국민소득은 1686달러였다. 반면 일본은 1만 달러에 가까웠다. 일본은 선진국이었고 한국은 막 가난을 벗어나기 시작한 개발도상국이었다. 문화도 당연히 차이가 났다. 불법으로 들어온 일본 문화는 초등학생의 눈으로 봐도 믿을 수가 없을 정도로 선진적이었다. 무역선 선장으로 일했던 아버지는 종종 일본 잡지를 집으로 가지고 왔다. 나는 일본어를 모르면서도 일본 잡지들을 집요하게 훑었다. 반질반질하고 선명한 컬러 페이지는 한국 잡지들과 너무 달랐다. 나는 일본을 가슴이 아플 정도로 선망했다.

엄청난 소리 내며 거품 꺼진 일본

그리고 '긴기라기니'가 등장했다. 도대체 어디서부터 시작된 유행인지는 모르겠다. 어느 날 갑자기 아이들이 일본어로 된 노래를 제멋대로 부르기 시작했다. 틀리지 않고 부르는 대목은 '긴기라기니'뿐이었다. 나는 곧 그게 곤도 마사히코라는 일본 가수가 1981년에 발매한 앨범 〈긴기라긴니 사리게나쿠〉라는 걸 알게 됐다. '화려하지만 자연스럽게'라는 뜻이었다. 불법 카세트테이프에 담겨 있는 이 뽕끼 어린 댄스곡은 꽤나 중독적이어서 아무리 흥얼거려도 질리지가 않았다.

당시 한국 가요에는 댄스곡이라고 할 만한 것이 거의 없었다. 나미의 '빙글빙글'이 1984년 나왔을 때에야 나는 한국에도 댄스곡 비슷한 것이 존재한다는 걸 깨달았다. 그러니 80년대의 초등학생에게 '긴기라기니'가 얼마나 거대한 문화 충격이었을지 한번 상상해보시라.

곤도 마사히코는 일본 버블(거품) 경제의 상징과도 같은 아이돌이다. 한국 아이돌 기획사들이 모델로 삼았던 일본 아이돌 기획사 '자니스'가 1979년에 데뷔시킨 그는 '긴기라긴니 사리게나쿠'를 히트시키며 국민적 아이돌이 됐다. 일본 남자들은 그의 헤어스타일을 따라 했다. 나이키 스니커즈 같은 아이템들을 일본에 유행시킨 것도 그였다. 자니스는 1962년에 창립한 기획사지만 현대적 아이돌 산업의 시작은 80년대였다. 그리고 그 시작은 곤도 마사히코에게 큰 빚을 지고 있다. 당시 한국에는 아이돌이라는 것이 없었다. 혜은이를 한국 아이돌의 시작이라고 볼 수도 있겠지만, 혜은이의 노래는 여전히 '어른들의 가요' 속에 머물렀다.

80년대 내내 곤도 마사히코는 승승장구했다. 1987년에는 '일본 레코드 대상'에서 대상을 받았다. 그의 전성기는 만들어진 아이돌이 그렇듯이 그리 오래가지 않았다. 90년대가 오자 새로운 아이돌들이 신전에 올라섰다. 한국에도 잘 알려진 그룹 스마프SMAP의 기무라 다쿠야木村拓哉 가 전성기를 맞이했던 90년대에 곤도 마사히코는 좀 낡은 존재가 됐다. "화려하지만 자연스럽게. 그게 나의 방식. 화려하지만 자연스럽게 살아갈 뿐이야"라고 삐딱하지만 자신감 넘치게 노래하던 시절은 가고 있었다. 도쿄의 부동산을 팔면 미국도 살 수 있다던 시대는 막을 내리고 있었다. 1990년대를 지나며 버블은 꺼졌다. 그것도 엄청난 소리를 내며 꺼졌다. 잃어버린 10년이 곧 시작될 참이었다.

1994년에 대학생이 된 나는 일본 드라마를 다운로드 받아서 보고 또 봤다. 지금 기준으로야 불법이지만 당시에는 '냅스터'라는 음원 사이트가 세상의 모든 노래를 '합법적으로' 공짜로 풀던 시절이라는 걸 염두에 두어야 한다. 당대 일본 최고의 스타였던 기무라 다쿠야가 주연한 〈롱 베케이션〉Long Vacation, 1996과 〈러브 제너레이션〉Love Generation, 1997은 몰래 일본 문화를 좋아하던 대학생들에게는 바이블이나 마찬가지였다. 한국에도 트렌디 드라마들이 등장하기 시작했지만 일본의 것과 비교하자면 여전히 좀 촌스러운 데가 있었다. '왓챠'라는 온라인동영상서비스

OTT에 두 작품이 올라왔으니 꼭 보시길 권한다. 버블이 꺼지기 전 세상에서 가장 트렌디한 도시였던 도쿄의 빛나는 시절이 소행성 충돌을 미처 내다보지 못하고 죽은 공룡처럼 박제되어 있다.

나는 이 글을 심야 뉴스 채널을 보며 썼다. 올림픽 뉴스들을 보면서 나는 한때 지구에서 가장 부유하고 질서 있고 세련되던 한 국가가 기우는 소리를 들었다. 팬데믹이라는 통제할 수 없는 요인이 있긴 했지만, 그럼에도 도쿄는 도무지 이 거대한 국제적 이벤트를 치를 준비가 되어 있지 않은 것처럼 보였다. 일본은 당황했을 것이다. 계획대로라면 올림픽은 일본의 재생을 상징하는 행사가 되었어야 한다. 국뽕의 파티가 되었어야 한다. 그러나, 지금 국뽕은 오히려 한국의 것이다. 특히 나는 스가 요시히데菅義偉 전 총리가 문재인 전 대통령의 방문을 이리 재고 저리 재는 모호한 태도를 보이는 것으로부터 어떤 불편함과 당황스러움을 읽었다. 일본을 따라 하려 애쓰던 옆 나라 촌놈이 동등한 위치에 올라서기 시작한 것을 도무지 받아들이지 못하는 눈치라고 해석해도 좋을 것이었다.

일본을 선망하던 20세기 소년의 시대는 갔다

함께 일하던 전 직장 동료가 공저자로 참여한 《추월의 시대》를 읽었다. 나는 제목을 듣는 순간 얼얼할 정도로 무릎을 쳤다. '추월'이라는 단어를 누가 골랐는지는 모르겠지만 정말 제대로 고른 단어라고 인정하지 않을 도리가 없었다. 한국은 추월의 시대에 돌입했다. 유엔무역개발회의UNCTAD는 한국의 지위를 개발도상국에서 선진국으로 변경했다. 이 기구의 회원국이 선진국으로 지위가 바뀐 건 1964년 기구 설립 이후 처음 있는 일이다.

한국의 1인당 구매력이 일본을 넘어섰다는 뉴스도 있다. 40대인 나에게 일본은 어쩔 도리 없이 극복해야 하는 무언가다. 한국의 10대와 20대에게 일본은 그냥 한국과 비슷하게 사는데 길거리가 조금 더 강박적으로 깨끗한 나라일 따름이다. 누구도 일본 드라마를 보며 도쿄를 꿈꾸지 않는다. 중년 이상 한국인들은 여전히 일본에 대한 묘한 열등감을 갖고 있지만 새로운 세대에게 열등감은 없다. 그들은 이미 추월의 시대를 살고 있다.

나는 요즘도 종종 곤도 마사히코의 '긴기라긴니 사리

게나쿠' 무대를 유튜브로 보곤 한다. 여드름쟁이 시절을 갓 벗은 사내가 화려한 무대에서 댄서들과 춤을 추며 격정적으로 노래하는 모습을 본다. 이제 그건 "화려하지만 자연스럽게" 황금기를 즐기던 한 시대의 지나간 상징처럼 보인다. 나는 이어서 방탄소년단BTS의 뮤직비디오를 본다. 황금기를 시작하는 한 시대의 새로운 상징이다. 어쩌면 한국과 일본은 이제야 진정한 속내를 보여주며 서로를 동등한 파트너로 바라볼 수 있는 시기를 맞이했는지도 모른다. 일본을 선망하던 20세기 소년의 시대는 갔다. 21세기 친구의 시대가 열리고 있다.

"모든 종교는
나와 다른 타인을
사랑하는 것으로부터 시작되고,
그걸 위해 존재한다"

©Getty Images

86

Tammy Faye

타미 페이

미국 기독교에 가한 흥미로운 균열

    2022년 오랜만에 퀴어 퍼레이드가 열렸다. 코로나 범유행 때문에 3년 만에 열린 행사였다. 퍼레이드가 열리기 직전 폭우가 내렸다. 그래도 사람들은 걸었다. 흠뻑 젖은 채 을지로, 종로와 퇴계로를 자랑스럽게 걸었다. 많은 기독교 신자도 나섰다. '동성애자는 회개하라'거나 '예수에게 돌아가라'는 팻말을 들고 퍼레이드 참여자들을 향해 열정적으로 소리쳤다. 퍼레이드 참여자들도 반대 시위에 익숙해졌다. 오랜 역사를 가진 반대 시위는 축제의 일부분이 됐다. 이젠 퍼레이드 참가자들도 반대 시위가 없으면 뭔가 좀 허전하다는 생각마저 들 것이다.

이때 인상적인 건 성조기의 실종이었다. 시위를 하는 기독교 신자들은 매년 성조기를 흔들었다. 종교와 미국 사이에 어떤 관계가 있는 건지는 잘 모르겠지만 성조기는 항상 그 자리에 있었다. 그러나 2022년에는 성조기가 사라졌다. 갓 한국에 파견된 주한미국대사가 성소수자 지지 선언을 하기로 되어 있었기 때문이었다. 그는 다른 10여 개 나라 외교관과 함께 무지개깃발을 들고 외쳤다. "평등과 인권을 위해 다 함께 싸울 것입니다." 감동적인 순간이었다.

골드버그가 소환한 '타미 페이'

미국대사 필립 골드버그Philip S. Goldberg는 게이다. 이 글을 읽는 당신은 미국대사가 동성 파트너까지 둔 게이라는 사실을 지금에야 알게 됐을지도 모른다. 그의 부임이 확정되자 많은 기사가 쏟아졌다. 하지만 거의 대부분 언론은 성정체성을 거론하지는 않았다. 미디어들조차도 인권

운동가가 아니라 한국과 긴밀하게 외교적 협조를 해야 하는 정식 대사가 게이라는 사실을 받아들일 준비가 되어 있지 않았을 수 있었다. '외교관 부임 기사에 성정체성을 쓸 필요는 없다'는 반박도 충분히 일리가 있다. 하지만 그의 성정체성을 명확하게 기사에 밝히는 미디어가 기독교계 신문들이라는 건 꽤 재미있는 일이긴 했다.

여기서 진보와 보수에 대한 개념 정리를 해보자. 골드버그는 진보인가? 성소수자로서 성소수자 인권을 강력하게 지지한다는 점에서 그는 진보다. 그러나 외교적으로 따지자면 그는 꽤 보수다. 버락 오바마Barack Obama 행정부 시절인 2009년, 골드버그는 미 국무부의 유엔 대북 제재 이행 담당 조정관을 맡았다. 그해 6월 그는 북한 2차 핵실험에 대응하기 위해 유엔 안전보장이사회에서 채택한 대북 제재 결의의 적극적인 이행을 중국에 요청했다. 대북 강경파라는 소리다. 성소수자인 대북 강경파 미국대사 앞에서 진보주의자인 당신과 보수주의자인 당신은 어떤 태도를 가져야 할까?

정확한 답변이라는 건 없다. 정확한 답변이라는 건 대개 존재하지 않는다. 나는 그걸 이야기하기 위해 다른 '게

이 아이콘'을 한 명 소환할 생각이다. 타미 페이라는 미국 크리스천 전도사다. 2022년 오스카 시상식에서 배우 제시카 채스테인Jessica Chastain에게 여우주연상을 안긴 〈타미 페이의 눈〉The Eyes of Tammy Faye은 2007년 사망한 타미 페이의 인생을 다룬 영화다. 슬프게도 이 영화와 제시카 채스테인의 여우주연상 수상은 그리 화제가 되지 못했다. 모든 미디어의 관심이 윌 스미스Will Smith가 사회자 뺨을 때리는 폭력 사건에 집중됐던 탓이다. 이 글을 읽고 있는 당신 역시 2022년 오스카 시상식에서 누가 어떤 상을 받았는지 기억하기가 꽤 힘들 것이다. 이래서 사람은 함부로 주먹을 휘둘러서는 안 된다.

이야기를 다시 타미 페이에게로 돌려보자. 가난한 집안에서 태어난 타미 페이는 1960년대 초반, 전도사 짐 베이커Jim Bakker와 결혼해 지역 방송국에서 아이들을 위한 전도 프로그램을 진행했다. 인기가 높아지자 두 사람은 1974년 '더 피티엘 클럽'The PTL Club이라는 프로그램을 만들었다. 쇼는 대성공이었다. 남성 전도사들이 나와 지루하게 설교를 하던 과거의 프로그램과는 달랐다. 타미 페이와 팀 베이커는 70년대적으로 화려한 복장과 화장을 하고 무대에 올라 춤추고 노래했다. 일종의 크리스천 버라이어티 예능에 가까웠던 쇼는 순식간에 혁명적인 인기를 모았다. 미국에서만 1천만 명이 프로그램을 애청했다. 그들은 프로그램을 통해 시청자들로부터 기부금을 모았다. 돈이 쏟아져 들어오기 시작했다.

타미 페이와 짐 베이커가 벌인 가장 놀라운 사업은 크리스천 테마파크, 그러니까 놀이동산 건설이었다. 둘은 1978년 2억 달러(2600억 원)의 자금을 투자해 '헤리티지 유에스에이USA'라는 테마파크를 세웠다. 크리스천을 위한 디즈니랜드였다. 실제로 70년대 말 '헤리티지 유에스에이'는 디즈니랜드, 디즈니월드와 함께 당시 미국에서 가장 많은 수익을 내는 테마파크였다. 거기에 무슨 '예수님 롤러코스터'라거나 '십계 바이킹' 같은 게 있었던 건 아니다. 대신 오랜 크리스천 성지의 건축 양식을 흉내 낸 호텔과 쇼핑센터, 거대한 교회, 캠핑장 등이 있었다. 기괴한 콘셉트이긴 하지만 70년대란 어차피 조금 기괴한 시대였다. 그 시절의 패션만 검색해봐도 알 수 있다.

에이즈 환자 편든 보수 종교인

이력만 따지자면 타미 페이는 미국에 기독교를 전파하기 위해 인생을 바쳤던 보수적 종교인으로서 평가받아야 할 것이다. 여기서 흥미로운 균열이 발생한다. 1980년대 초 미국에서는 에이즈 범유행이 시작됐다. 게이 커뮤니티에서 먼저 퍼지기 시작한 에이즈는 빠르게 전 세계로 전파됐다. 코로나 바이러스와 마찬가지로 인류가 처음으로 마주한 새로운 전염병이었다. 지금처럼 간편하게 바이러스를 조절할 수 있는 치료제도 나오지 않은 상황이었다. 병은 성정체성을 가리지 않는다. 그럼에도 보수적인 로널드 레이건Ronald Reagan 정부는 에이즈를 동성애자들의 역병이라고 공격하기 시작했다. 미국 종교계도 에이즈를 동성애자들과 묶어서 비난해댔다.

타미 페이는 1985년 자신의 쇼에 에이즈 환자와의 인터뷰를 내보냈다. 그는 에이즈 환자인 동성애자 자식을 가진 부모들을 향해 이렇게 말했다. "당신의 젊은이들에게 어떤 일이 벌어지든 그들은 당신의 아들이고 딸입니다. 어머니와 아버지로서 모든 역경을 물리치고 아이들을 사랑하는 건 중요한 일입니다." 그리고 그는 시청자들을 쳐다보며 말했다. "우리 크리스천들이, 세상의 소금이 되어야 할 사람들이, 모든 사람을 사랑해야만 하는 사람들이, 에이즈 환자를 그토록 무서워하고 그들에게 손을 내밀지 않는다는 건 얼마나 슬픈 일인가요."

어떤 TV 프로그램도 동성애자 에이즈 환자를 직접 출연시키지 않던 시대였다. 누구도 고통받고 오해받는 사람들에게 손을 내밀지 않던 시대였다. 그런데 당대 미국에서 가장 거대한 크리스천 프로그램의 진행자가 손을 내민 것이다. 그리고 에이즈 범유행이 가라앉을 때까지 타미 페이는 계속해서 시청자들에게 에이즈 환자들을 위해 기도하자고 전도했다. 이유는 너무나도 종교적으로 간단했다. 기독교는 사랑의 종교이므로 모든 사람들을 품어야 한다는 것이었다.

타미 페이의 삶이 옳았다고 말할 생각은 없다. 남편 팀 베이커는 사기, 횡령 혐의로 유죄판결을 받아 1989년 구속됐다. 미디어는 팀 베이커와 타미 페이 부부가 엄청난 기부금을 모은 뒤 호화로운 삶을 위해 탕진했다고 보도했다. 황금으로 된 그들 욕실의 수도꼭지는 종교적 부패의 상징이 됐다. 기존 교계 역시 두 사람을 강력하게 비난했다. 그들을 비난하지 않으면 미국의 모든 유명한 TV 전도사들이 함께 몰락할 지경이었던 탓이다. 모든 것을 잃은 타미 페이는 1996년 대장암 판정을 받고 2007년 사망했다. 그는 죽는 날까지 트레이드마크였던 기괴할 정도로 과한 화장을 버리지 않았다.

페이가 남긴 말 "누구든 '나'로 살자"

나는 타미 페이를 도덕적인 선인으로도 정치적인 악인으로도 분류할 생각이 없다. 한 인간의 삶은 단순하게 이어지는 직선이 아니다. 위아래로 오르내리며 복잡하게 이어지는 곡선이다. 세상에는 성소수자 극우주의자도 있다. 독실한 크리스천 사회주의자도 있다. 사람은 진실로 복잡한 존재다. 한 사람의 인생을 선과 악으로 갈라서 평가할 수 없듯이 진보와 보수도 명확한 경계선으로 나눌 수는 없다. 타미 페이의 삶도 마찬가지다.

다만 나는 타미 페이의 유명한 말을 마지막으로 인용

할 생각이다. 그는 죽기 전 인터뷰에서 말했다. "모든 사람은 자기 자신이 되어야만 합니다. 젊은이들이여, 누구도 당신이 아닌 다른 존재가 되라고 강요하도록 내버려두지 마세요." 나는 이것이 윤리적으로 복잡한 삶을 산, 그럼에도 진정한 크리스천 정신을 끝내 버리지 않았던 사람이 세상에 할 수 있는 가장 근사한 말이라고 생각한다. 결국 모든 종교는 나와 다른 타인을 사랑하는 것으로부터 시작되고, 그걸 위해서 존재하는 것이다. 예수는 이성애자만을 위해 십자가를 짊어지지 않았다. 보수주의자나 진보주의자만을 위해 짊어지지도 않았다. 너무나도 고색창연한 결론이지만, 어쩌겠는가. 모든 결론은 결국 종교적 출발점으로 돌아오게 마련이다.

"차별을 없애기 위해서는
차별받는 존재가 있다는 사실을
먼저 알려야 한다"

©Patryk Pigeon

Rob Halford

롭 핼퍼드

'남성적 소세계' 때려 부순
혁명적 커밍아웃

캡이네. '주다스 프리스트'Judas Priest의 앨범을 들으며
그렇게 생각했다. 1991년이었다. 고등학생이 된 나에게
학교는 너무나 갑갑했다. '공부머리는 있는데 집중력이
부족하고 끈기가 없다'는 평가를 중학교 선생들에게 듣던
나는 고등학교에 입학하고도 공부머리는 있는데 집중력
이 부족하고 끈기가 없었다. 사실 집중력과 끈기가 없는
데 공부머리가 있었을 리 없다. 그건 그저 학생의 가능성
을 어떻게든 살려서 생활기록부에 써야 했던 선생들의 고
충에서 나온 별 의미 없는 말이었을 것이다. 하여간 고등

학교에 입학한 나는 공부가 참 재미가 없었다. 어느 날 같은 반 친구가 말했다. "니는 맨날 음악 듣잖아. 악기 할 줄 아는 거 있나? 나 학교 밴드 들어갈 건데."

나는 음악을 좋아했다. 중학교 때는 주로 디바들의 노래를 들었다. 마돈나Madonna와 휘트니 휴스턴Whitney Houston과 머라이어 캐리Mariah Carey가 좋았다. 그 시절 부산 남자애들은 그걸 '가시나 음악'이라고 불렀다. 친구가 자기 카세트 플레이어를 건넸다. 이어폰을 귀에 꽂자 쿵쾅거리는 금속성의 사운드가 귓바퀴를 감돌며 외이도를 통해 고막을 때려 달팽이관을 흔들었다. 친구가 말했다. "가시나 같은 노래만 듣지 말고 이런 거 들어라. 메탈리카다." 순간 피식 웃었다. 메탈리카? 헤비메탈이라는 장르는 알고 있었다. 번개 맞은 푸들 같은 머리를 하고 가랑이가 숨을 쉴 수도 없게 타이트한 가죽 바지를 입고 기타를 징글거리며 3옥타브의 고성을 지르는 장르였다. 나에게는 그거야말로 '가시나 같은 음악'이었다. 그걸 들으니 차라리 머라이어 캐리의 돌고래 비명이 낫겠다고 생각했다. 게다가 밴드 이름이 메탈리카라니. 그건 헤비메탈의 '메탈'과 아메리카의 '리카'를 아무런 고민 없이 이어 붙인 이름이 아닌가. 그런 게 좋을 리가 없었다.

헤비메탈의 안식, 그리고 불편함

어럽쇼? 그런데 그런 게 좋아졌다. 전기 기타를 파괴하듯이 긁어대는 게 공사장 소음 같기만 하더니 어느 순간 천사의 하프 소리처럼 영롱하게 들리기 시작했다. 지구의 종말을 맞이한 다미선교회 신자들이 교회 바닥을 두드리듯이 때리는 드럼 소리는 심장을 뛰게 만들었다. 베이스 소리는 좌심실 우심실의 흐름을 바꿨다. 무엇보다도 보컬인 제임스 헷필드James Hetfield의 목소리가 좋았다. 그건 조금 전 시대의 우상이었던 존 본 조비John Bon Jovi의 달콤한 목소리와는 달랐다. 생목을 긁는 목소리였다. 탁했다. 강력했다. 포효했다. 사자였다. 상처 입은 늙은 사자가 생의 마지막에 얼룩말 한 마리를 잡고 내뱉는 소리였다. 전기 기타의 '디스토션'(일그러진 듯한 금속성의 소리)을 목으로 삼켜버렸다. 입시 준비를 시작해야 하는 때였다. 학교는 매일 아침 7시 30분까지 우릴 조그만 교실로 몰아넣고

전국 구백 만의 아이들의 머릿속에 모두 똑같은 것만 집어넣고 있었다. 그 시커먼 교실에서만 내 젊음을 보내기는 너무 아까웠다. 그 답답함을 찢어발겨주는 건 헤비메탈이었다.

1980년대에 등장한 헤비메탈 밴드들의 음악은 엄청난 아카이브였다. 뒤늦게 발견한 아이언 메이든Iron Maiden은 근사했다. 데프 레퍼드Def Leppard는 아름다웠다. 메가데스Megadeth는 무자비했다. 무엇보다도 내가 새롭게 발견한 가장 멋진 밴드는 주다스 프리스트였다. 예수 그리스도를 배신한 '유다의 사제'라는 이름도 멋졌지만 무엇보다도 굉장한 건 보컬이었다. 주다스 프리스트는 정말이지 보컬을 위한 밴드였다. 롭 핼퍼드라는 보컬은 온통 징이 박힌 가죽옷을 머리부터 발끝까지 입고 무대에서 채찍을 휘두르며 그르렁거렸다. '이거야말로 지상 최고의 목소리군.' 나는 확신했다.

1960년대에 결성한 주다스 프리스트가 전성기를 맞이한 건 1974년에 핼퍼드를 영입하고 1980년도에 명반 〈브리티시 스틸〉British Steel을 내놓으면서부터였을 것이다. 음악 비평가들은 이 앨범을 "헤비메탈의 정의"라고 불렀다. 1982년도 앨범 〈스크리밍 포 벤전스〉Screaming For Vengeance와 1984년도 앨범 〈디펜더스 오브 더 페이스〉Defenders of the Faith도 좋았다. 무엇보다도 감동적이었던 건 1990년에 발표한 앨범 〈페인킬러〉Painkille였다. 그건 내 10대의 고통을 죽여주었다. 당시 싸이월드에서 유행하던 말처럼 음악은 '나라가 허락하는 유일한 마약'이었다.

　메탈의 세계는 확실히 남성의 세계였다. 전성기의 헤비메탈은 여성 팬들이 꽤 많았지만 어쨌거나 그건 끓어오르는 테스토스테론의 세계에 속했다. 모든 록밴드들에게는 '그루피'라고 불리는 여성 팬들이 존재했다. 밴드 멤버들은 콘서트가 끝나면 호텔에 몰려든 여성 팬들을 골라서 술을 마시고 마약을 하고 잠을 잤다. 지금은 사라진 그 문화는 확실히 '미소지니'(여성혐오)라고 할 수 있지만 그때는 비윤리적인 게 아니라 쿨한 무언가로 받아들여졌다. 남성 팬들은 그런 메탈의 세계에 열광했다. 그들의 음악을 들으면, 그들의 음악을 연주하면, 그렇게 될 것 같았을 것이다. 나에게는 그것이 헤비메탈을 온전히 받아들이는 데어떤 장벽이 됐다. 나는 누가 봐도 '남성적인 남성'이 아니었다.

90년대의 남자 고등학교란 (물론 지금도 조금은 그렇겠지만) 정글이었다. 남성성이 약한 아이들은 정글 변두리의 존재였다. 학교폭력은 어디에나 존재했다. 당시의 계급은 테스토스테론 수치에 따라 매겨졌다. 나는 가장 도태될 수밖에 없는 계급이었다. 그토록 빨리 헤비메탈이라는 음악에 빠져든 건 일종의 가면일지도 몰랐다. '헤비메탈을 듣는 남자라면 여성적일 수가 없다. 헤비메탈을 듣는 남자라면 남자다울 것이다. 헤비메탈을 듣는 남자라면 다른 남자들의 계급으로 올라설 수 있다.' 그래서 나는 주다스 프리스트를 들으며 일종의 죄책감을 가졌던 것도 같다. 끓어오르는 마초 세계의 음악으로부터 위안을 받으며 남자들의 상위계급에 속하려 애쓴다는 것이 어쩐지 이율배반적으로 느껴졌던 탓이다.

늙은 사자, 벽장에서 나와 포효하다

────────────────────/──────────────────

1998년 놀라운 일이 벌어졌다. 주다스 프리스트의 보컬 핼퍼드가 MTV와의 인터뷰에서 자신이 게이라고 커밍아웃한 것이다. 그는 눈물을 흘리며 말했다. "당신이 벽장 속에서 걸어 나오는 것은 멋진 순간입니다. 이제 저도 걸어 나왔습니다. 스스로 자유롭게 했습니다." 나는 그 소식을 PC통신에서 처음 들었다. 온몸이 떨렸다. 우리는 이미 '퀸Queen'의 프레디 머큐리Freddie Mercury가 게이였고 그가 에이즈로 죽었다는 사실도 알았다. 하지만 머큐리는 단한 번도 커밍아웃을 한 적이 없었다. 핼퍼드는 했다. 지독할 정도의 마초 세계를 지배하던 늙은 사자가 정글을 향해 자신은 수사자를 좋아한다고 포효했다. PC통신의 많은 메탈 팬들 중에서는 그 사실을 도저히 받아들이지 못하는 사람들이 꽤 있었다. '핼퍼드 형님이 호모라고? 그럴리가 없어.' 아니, 그럴 리가 있었다. 핼퍼드는 게이였다. 그리고 세상에서 가장 위대한 헤비메탈 밴드의 보컬이었다. 서로 상충하는 것이 아니었다. 게이 헤비메탈 밴드 리더. 그건 얼마든지 가능한 일이었다.

핼퍼드의 커밍아웃은 헤비메탈 역사의 중요한 순간 중 하나였다. 차별을 없애기 위해서는 차별받는 존재가 있다는 사실을 알리는 일이 선행되어야 한다. 그래서 유명인들이 커밍아웃하는 것은 숨어 있는 성소수자들에게

막강한 힘이 된다. 특히 핼퍼드의 커밍아웃은 가장 남성적이라고 불리는 음악 장르에서도 다양한 성적 지향과 정체성이 존재한다는 의미였다. 그는 자신의 정체성을 가시화했을 뿐만 아니라 특정 성별 정체성에 부여된 스테레오타입도 때려부쉈다. 가히 혁명적인 일이었다. 핼퍼드는 최근 인터뷰에서 주다스 프리스트의 전기영화를 〈보헤미안 랩소디〉Bohemian Rhapsody, 2018처럼 만들고 싶다고 말했다. 그는 "나 또한 프레디가 평생 그랬듯 동성애자임을 숨겨야 했다. 우리는 아주 흥미로운 삶을 살았고, 지금까지 많은 일을 겪었기 때문에 분명히 영화로 할 이야기가 있다"고 했다. 그러나 언젠가 만들어질 그의 영화는 한국에서 제대로 방영되지 못할 것이다.

2021년 2월 SBS가 영화 〈보헤미안 랩소디〉를 방영했다. 아니, 그건 〈보헤미안 랩소디〉가 아니었다. 그들은 머큐리와 남자의 키스 장면을 삭제했다. 조연 배우들의 동성 키스는 모자이크 처리했지만 머큐리와 여성의 키스 장면은 그대로 남겼다. 〈보헤미안 랩소디〉는 머큐리의 성적 정체성에 대한 묘사를 덜어내는 순간 의미가 없어지는 영화다. 소셜미디어는 성소수자들의 분노로 폭발했다. SBS

관계자들은 "동성애에 반대할 의도는 없었다"며 "동성 간 키스 장면을 불편해하는 의식이 사회에 깔려 있다 보니 조심스러울 수밖에 없는 입장"이라고 밝혔다. 15세 관람가라서 어쩔 수 없었다고도 했다. 〈보헤미안 랩소디〉는 극장 개봉 시 동성 키스 장면을 그대로 두고도 12세 관람가였다. SBS로서는 차라리 방영하지 않는 것도 방법이었다. 그러나 그들은 시청률에 목이 말랐다. 성소수자를 지우고 이 영화를 방영하기로 너무나 손쉽게 결정했다.

아침이 그들을 데려가기 전에

한국에서 여전히 '커밍아웃'과 '가시화'는 부정된다. 2021년, 변희수 하사는 죽었다. 육군 복무 중 성전환 수술을 한 뒤 강제 전역 당한 변 하사는 스스로 목숨을 끊었다. 소속부대 군단장과 여단장은 그의 선택을 지지했지만 육군은 그를 내쳤다. 변 하사가 사망하자 육군은 "민간인 사망 소식에 따로 군의 입장을 낼 것은 없다"고 했다. 며칠 뒤 "안타까운 사망에 애도를 표한다"고 했지만 거기에는 어떤 진심도 없었다. 사람들은 말했다. "나서지 않고 조용히 해결했으면 죽지는 않았을 거 아니야? 전역한 뒤 여군으로 다시 입대하면 되잖아?" 심지어 어떤 사람들은 이렇게 말했다. "트랜스젠더가 죽은 건 여성이 죽은 게 아니니까 관심 없어." 나는 이 모든 반응을 보며 절망했다. 그는 어릴 때부터 군인을 꿈꿨다. 전차를 운용하는 기갑부대 소속이었다. 국방에 필요한 너무나도 군인다운 군인이었다. 변 하사는 기자회견에서 말했다. "저는 성별 정체성을 떠나 제가 이 나라를 지키는 훌륭한 군인이 될 수 있다는 것을 보여주고 싶습니다. 힘차게 기갑의 돌파력으로 차별을 돌파하겠습니다." 그는 결국 돌파하지 못하고 죽었다. 아니, 죽임을 당했다.

우리는 이렇게 성소수자들을 지운다. 영화에서 지우고 TV에서 지운다. 음악에서 지운다. 학교에서 지운다. 군대에서 지운다. 사회에서 지운다. 나는 지금 주다스 프리스트의 명곡 중 하나인 '비포 더 돈'Before the dawn을 들으며 이 글을 쓰고 있다.(지금 옆에 스마트폰이 있다면 이 노래를 틀고 이 글 읽기를 마무리해주시면 좋겠다.) 헤비메탈에 익숙하지 않은 당신도 전주만 들으면 "아하!" 하고 외칠 이 노래의 가

사는 다음과 같다. "동이 트기 전 당신의 속삭임을 들어요. 잠결에, 아침이 그를 데려가게 하지 마세요. 밖에선 새들이 지저귀기 시작하네요. 빨리 가라고 재촉하듯이. 한평생이었어요. 누군가를 찾은 이후로. 내 곁에 있을 누군가를 찾은 이후로. 나는 너무 오래 기다렸는데 당신은 이제 떠나가네요. 제발 모든 걸 가져가지는 말아주세요."

나는 이 노래를 들으며 햄퍼드를 생각한다. 머큐리를 생각한다. 변희수를 생각한다. 가장 강력하게 남성적인 소세계 속에서 자신의 운명을 개척하며 존재를 알리려 노력하는 성소수자들을 생각한다. 그들의 속삭임을 생각한다. 아직 동은 트지 않았다. 성소수자들의 삶은 여전히 새벽빛 밖으로 나오지 않았다. 동이 트기도 전에 많은 성소수자들이 떠나간다. 아침이 데려가기 전에 그들의 속삭임을 들어야 한다. 속삭임은 모이면 외침이 된다. 이미 외침은 어디에나 있다.

"살아 있는 사람에게도,
죽은 사람에게도
각자의 고통과 이유가 있다"

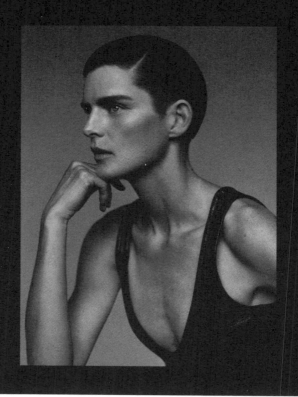

©Alasdair McLellan

Stella Tennant

스텔라 테넌트

살아 있었던, 누구보다도 살아 있었던
세기의 모델

스텔라 테넌트가 죽었다. 이 문장부터 당신은 페이지를 넘기고 싶어질지도 모른다. 스텔라 테넌트가 누군지 아마도 당신은 모를 것이다. 모르는 자의 죽음을 애도하기는 쉽지 않다.

스텔라 테넌트는 모델이다. 이 문장에서 당신은 다시 페이지를 넘길 준비를 하고 있을 것이다. 배우가 아니다. 가수도 아니다. 모델이라는 직업은 이 글을 보는 당신의 레이더에 도무지 잡히지 않는 존재로서, 어쩌면 패션을 좋아하는 사람들에게만 유용한 셀레브리티일 것이다.

맞다. 스텔라 테넌트가 누군지 몰라도 당신은 아무런 부끄러움이나 죄책감 없이 살아갈 수 있다. 안젤리나 졸리Angelina Jolie를 모르는 것과는 확실히 다른 이야기다.

죽은 모델에 대한 이토록 긴 글을 읽지 않아도 당신의 삶에는 아무런 문제도 발생하지 않는다. 그러나 나는 이토록 낯선 사람인 스텔라 테넌트에 대한 이야기를 이 지면을 빌려서 해야 할 의무를 느낀다. 아침에는 죽음을 생각하는 것이 좋다던데 새해에는 역시 죽음을 생각하는 것이 좋다.

런웨이를 바꾼 90년대 패션의 아이콘

스텔라 테넌트는 영국 출신 패션모델이다. 1993년 모델로 데뷔하자마자 그의 얼굴은 시대의 얼굴이 됐다. 시대의 얼굴이라는 건 이전 시대와는 다르다는 의미다. 테넌트가 데뷔하기 전인 80년대는 슈퍼모델의 시대였다. 클라우디아 시퍼Claudia Schiffer, 신디 크로퍼드Cindy Crawford, 나오미 캠벨Naomi Campbell 등 과도할 정도로 글래머러스한 몸매와 얼굴을 가진 모델들이 할리우드 배우만큼 인기를 얻었다.

원래 모델이라는 존재들은 럭셔리 브랜드의 옷 뒤로 숨은 존재였다. 슈퍼모델의 시대가 되면서 모델들은 패션의 전면으로 나섰다. 새로운 시대의 스타들이었다. 슈퍼모델 중 한 명인 린다 에반젤리스타Linda Evangelista는 "우리는 하루에 1만 달러를 벌지 못한다면 침대에서 일어나지도 않는다"고 말했다. 가히 거만한 말이었지만 그들은 거만해도 좋았다.

남자아이들은 그들의 포스터를 벽에 붙였다. 그런 여자와 함께 있고 싶어 했다. 여자아이들은 그들의 포스터를 벽에 붙였다. 그런 여자가 되고 싶어 했다. 그 시절 나는 한 시대를 풍미한 브랜드 '게스'의 모델을 하던 클라우디아 시퍼의 포스터를 방에 커다랗게 붙여놨다. 그런 여자와 함께하고 싶어서는 아니었을 것이다. 다만 그건 시대의 얼굴이고 시대의 몸이었다. 나는 그것이야말로 아름다움의 어떤 정수라고 생각했던 것 같다.

80년대는 레이건과 대처의 시대였다. 전두환의 시대였다. 모든 겉으로 보이는 것들은 강하고 화려해야만 했다. 패션도 마찬가지였다. 어깨는 봉긋 솟았고 색채는 난립했다. 재미있게도 10년을 기점으로 유행은 바뀐다. 60년대와 70년대의 패션은 다르다. 80년대와 90년대의 패션도 다르다.

90년대에는 '미니멀리즘' 유행이 시작됐다. 과도한 화려함을 버리고 모든 것이 간결하고 단순해지기 시작했다. 패션뿐만 아니라 모든 문화가 그랬다. 엄청난 기타 속주와 푸들 같은 헤어스타일로 사람들의 마음을 흔들던 헤비메탈은 점점 사라졌다. 3개의 코드만으로 기타를 쟁쟁거리는 펑크가 돌아오고 그런지 록이 탄생했다.

아널드 슈워제네거Arnold Schwarzenegger와 실베스터 스탤론Sylvester Stallone처럼 육중한 근육을 가진 스타들은 점점 일거리를 잃었다. 대신 평범한 주변의 얼굴과 몸을 가진 브루스 윌리스 같은 남자들이 액션 스타가 됐다. 80년대에는 모두가 어깨 뽕을 넣은 아름다움에 매혹됐다. 90년대에 그 시대는 끝났다. 패션에서는 금실로 지은 번쩍이는 베르사체와 장난스러운 장 폴 고티에의 시대가 가고 온통 검은색과 하얀색 천지인 질 샌더와 헬무트 랭의 시대가 열렸다. 사람들은 80년대적인 화려함에 완벽하게 질린 나머지 정반대로 달려가고 있었다.

슈퍼모델의 시대가 끝나기 시작한 것도 그때부터였다. 그들은 과장된 여성성의 상징이었다. 사람들은 이제 좀 다른 존재를 런웨이와 패션 잡지에서 보고 싶어 하기 시작했다. 그리고 스텔라 테넌트가 등장했다. 언제나 시대를 먼저 내다보던 샤넬의 디자이너 카를 라거펠트Karl Lagerfeld는 그를 처음으로 기용해서 패션쇼 무대에 올렸다. 사람들은 놀랐다.

테넌트에게는 80년대의 슈퍼모델들이 지닌 휘황찬란함이 없었다. 몸매는 소년 같았다. 머리는 짧았다. 피부는 태닝한 흔적도 없이 창백했다. 긴 금발을 채찍처럼 휘두르며 글래머러스한 몸으로 무대를 휘젓던 이전 세대의 모델들과는 완벽하게 다른 존재였다.

대학생이 된 나는 클라우디아 시퍼의 사진을 벽에서 떼어 버렸다. 스텔라 테넌트의 사진을 오려서 행정학원론 책 안에 넣어 책갈피로 썼다. 당시 사람들은 스텔라 테넌트 같은 모델을 두고 '헤로인 시크'라고 불렀다. 깡마른 몸으로 허무한 눈빛을 쏘는 모델들은 확실히 어딘가 마약중독자를 연상시키는 데가 있었다.

트렌드는 바뀐다. 바뀌기 때문에 트렌드라고 불리는 것이다. 1990년대와 2000년대는 달랐다. 2000년대와 2010년대도 다르다. 육체의 매력을 자양분으로 살아가는 모델들의 생명력은 안타깝게도 그리 길지 않다. 성마른 패션계는 누구도 기다려주지 않는다. 많은 모델이 짧은 전성기를 마치고 사라졌다.

놀랍게도 테넌트는 30여 년을 살아남았다. 결혼을 하고 아이를 낳고 중년이 된 그를 디자이너들은 다시 런웨이로 불러들였다. 테넌트는 다시 샤넬의 무대에 섰다. 딸보다 어린 모델들 사이에서도 그는 여전히 90년대를 정의하던 건조한 세련됨을 변함없이 간직하고 있었다. 그건 '뭐든 젊고 새로운 것이 아름답다'를 모토로 내세우던 패션계의 오랜 에이지즘ageism: 연령 차별이 변하고 있다는 증거이기도 했다. 무엇이든 반가웠다. 내 청춘의 한 자락을 정의하던 얼굴이 다시 돌아왔다. 나는 그가 런웨이에 선 모습을 볼 때마다 청춘이 다시 돌아온 것 같아 제법 기분이 짜릿했다.

그런데, 스텔라 테넌트가 갑자기 죽었다. 2020년 12월 22일 죽었다. 50세 생일을 맞이한 지 5일 만에 죽었다. 너무 이른 죽음에 쏟아지는 패션계의 애도가 끝나갈 즈음 유가족은 조금 늦게 성명을 발표했다. "테넌트가 한동안 몸이 좋지 않았고, 더는 살아갈 수 없다는 사실을 깨달았다"고 했다. 더는 살아갈 수가 없다는 사실을 깨달았다는 건 스스로 숨을 거두었다는 의미였다. 외신들은 스텔라 테넌트의 사인이 자살로 밝혀졌다고 썼다. 우울증을 포함한 정신질환으로 고통받았다고 했다. 한국 언론은 스텔라 테넌트가 '극단적인 선택'을 했다고 썼다. "더는 살아갈 수 없다"는 말은 우울증 환자들이 버릇처럼 내뱉는 말이다. 나는 그걸 알고 있다.

'극단적 선택'이란 말의 공허함

재작년 겨울 미약하게 앓던 우울증이 극단적인 상태로 치달았다. 우울증이라는 괴물은 당신의 마음의 우물 속에 도사리고 있다가 손톱에 피를 철철 흘리며 기어이 기어 나온다. 그리고 갑자기 마음의 독재자라도 된 듯 당신의 모든 것을 잠식한다. 의지로 해결 가능한 병이 아니다. 전문적인 의사가 처방하는 약으로 치료해야 하는 질병이다.

나는 그걸 일찍 깨달았다. 스스로 병원으로 걸어 들어갔다. 여러 의사를 통해 여러가지 약을 처방받았다. '세로토닌 재흡수 억제제'를 먹었다. 그게 듣지 않자 '세로토닌-노르에피네프린 재흡수 억제제'를 먹었다. 거기에 도파민 촉진제를 얹었다. 거의 1년을 몰래 고통스러워하던 어느 날 나는 회사에 앉아서 일을 하다 '고통 없이 자살하는 법'을 검색했다. 그 순간 나는 알았다. 그만두어야 했다. 나는 마음의 암과 싸우는 유약한 인간이라는 것을 스스로 인정해야만 했다.

그때부터 하루하루가 노르망디 상륙작전이었다. 앞으로 일보 진전하면 뒤로 이보 후퇴였다. 무엇보다도 나는 인간이 그토록 간절하고 구체적으로 자살을 계획할 수 있다는 사실에 놀랐다. 그러나 누구도 자살이라는 말을 듣고 싶어 하지 않았다. "자살하고 싶다"고 친구에게 말하자 그런 말을 다시는 꺼내지 말라고 했다. 자살이라는 말은 모두를 불편하게 만들었다. 나는 자살이라는 말을 입에 올리지 않고 자살을 꿈꿨다.

우리는 결국 '극단적인 선택'이라는 말로 '자살'이라는 단어를 대체했다. 중앙자살예방센터, 보건복지부와 한국 기자협회는 자살 보도 권고기준을 만들었다. 자살이라는 단어 대신 사망, 숨지다 등의 표현을 사용해야 한다. 자살이라는 단어를 회피하고 자살 기사를 쓰는 건 도무지 쉬운 일이 아니다.

자살 예방을 위해 자살 보도를 전혀 하지 않는 것도 기만이다. 그래서 한국 언론은 '극단적 선택'이라는 단어를 선택했다. 그런데 그건 정말로 '선택'인가? 많은 자살은 우울증이 도화선으로 작용한다. 우울증 환자들은 무시무시한 인지 변화를 겪는다. 긍정적인 생각 자체가 마음에서 완벽하게 사라진다. 모든 부정적인 기억을 꺼내어 곱씹고 또 곱씹는다. 세상은 곧 절망으로 가득 찬다. 희망은 완벽하게 소멸한다. 많은 우울증 환자가 죽는다. 그건 선택이 아니다. 선택을 할 수 있는 두뇌의 회로 자체가 어긋난다. 선택은 불가능하다. 우울증 환자에게는 선택을 할 수 있는 의지가 없다.

극단적인 선택이라는 말을 언론사들이 쓰기 시작하면서 이제는 그 말도 자살이라는 단어와 결국 같은 의미를 갖게 됐다. 우울증으로 자살 충동에 시달리던 시절에는 왜 자살이라는 말을 자살이라고 말하지 못하는가가 항상 의문이었다. 왜 모두가 그 단어를 불편해하고 회피하는지 도무지 이유를 알 수가 없었다. 베르테르 효과를 막기 위해서? 하지만 사람들은 유명인이 죽었다고 그저 따라 죽지 않는다.

죽는 사람들에게는 각자의 고통과 각자의 이유가 있다. 자살이라는 단어를 지우고 극단적인 선택이라는 단어를 쓴다고 해서 자살인 자살이 없어지는 것은 아니다. 한국의 10대와 20대와 30대에게 자살은 사망 원인 1위다. 40대와 50대에서는 2위다. 사람들이 죽어간다. 스스로 죽어간다.

매일 긋고 매달고 삼키고 떨어진다. 더 소리 내어 말하는 것이 모두가 짐짓 모른 체하는 시대의 역병과 우리를 더욱 정직하게 마주하도록 할 수도 있다. '자살'은 더욱 또박또박 소리 내어 떠들어야 하는 단어일지도 모른다. 나는 자살하지 않았다. 살아남았다. 우울증의 우물로부터 기어 나왔다. 의지도 아니었다. 선택도 아니었다. 좋은 의사와 좋은 약을 찾은 덕이었다. 어쩌면 그건 그저 여러 가지 우연이 겹친 운에 불과할지도 모른다.

스텔라 테넌트는 죽었다. 자살했다. 나는 당신이 이 글을 읽고 스텔라 테넌트의 사진을 찾아보기를 원한다. 유튜브에서 그가 런웨이를 걷는 모습을 찾아보기를 원한다. 당신이 지금 새롭게 알게 된 인물이 이미 죽은 사람이라는 것은 슬픈 일이다. 하지만 나는 당신이 한 시대를 정의하고 그 시대를 넘어선 얼굴을 기억해주기를 바란다. 스텔라 테넌트라는 모델이 있었다. 살아 있었다. 누구보다도 살아 있었다.

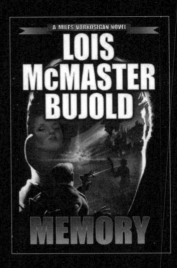

보르코시건의 소설 표지

"우리에겐
더 많은 왜소증 히어로가
필요하다"

Vorkosigan Saga

로이스 맥매스터 부졸드의 보르코시건

'장애는 극복 대상'이라는
편견을 깨부수다

〈왕좌의 게임〉Game of Thrones 시리즈에서 당신이 가장 사랑하는 캐릭터는? 21세기 들어 세계가 가장 열렬하게 탐닉한 이 판타지 드라마는 정말이지 매력적인 캐릭터로 가득하다. 도무지 어떤 캐릭터를 골라야 할지 감이 오지 않을 지경이다. 그래도 역시 "아무것도 모르는" 주인공 존 스노우를 선택하는 사람이 가장 많을 것이라는 예측 정도는 할 수 있다. 아리아 스타크와 자신을 동일시하며 그의 성장에 환호성을 질렀던 소녀들도 있을 것이다. 내가 가장 좋아하는 캐릭터는 티리온 라니스터다. 원작에서 그는 왜소증을 갖고 태어난 인물이다. 드라마에서도 실제로 왜소증을 가진 배우 피터 딩클리지Peter Dinklage가 연기한다.

우리는 왜소증 배우들을 영화를 통해 본 경험이 있다. 가장 유명한 것은 코미디영화 〈오스틴 파워〉Austin Powers에서 '미니미'를 연기한 번 트로이어Verne Troyer다. 하지만 번 트로이어의 캐릭터는 왜소증에 대해 사람들이 갖고 있는 편견을 그대로 반영한 것들이었다. 지난 세기 서커스에 곧잘 등장한 왜소증 환자들처럼 신체적 결점을 이용해서 웃음을 자아내는 역할 말이다. 피터 딩클리지는 달랐다. 그가 연기한 티리온 라니스터Tyrion Lannister는 지적이고 놀라운 재능을 가진 전략가다. 어쩌면 〈왕좌의 게임〉은 영화·드라마 역사상 처음으로 왜소증 환자를 진지하고 인간적인 캐릭터로 다룬 작품으로 기록되어야 마땅할 것이다.

경험해보지 못한 '왜소증 히어로'

티리온 라니스터 역시 주인공은 아니다. 그는 왜소증에 대한 편견을 부수는 캐릭터지만 극을 오롯이 이끄는 인물이라고 할 수는 없다. 그런 캐릭터를 보고 싶다면 영화가 아니라 책을 예로 들어야 한다. 한국에도 출간된 SF 〈보르코시건 시리즈〉다. 이 시리즈는 1949년생 여성 작가 로이스 맥매스터 부졸드의 일생을 건 걸작이다. 그는 기계공학 교수 아버지의 영향으로 아홉살 시절부터 SF를 미친 듯이 읽기 시작했다. 그게 금방 직업으로 이어진 것은 아니다. 부졸드는 1971년에 결혼했고 두 아이를 낳았다. 육아와 집안일을 도맡아 하면서 간호사로 일하던 부졸드의 인생은 가족의 안온한 성전 안에만 머무르다가 끝날 수도 있었다. 그러나 그는 틈틈이 습작을 쓰기 시작했고, 1983년에 〈보르코시건 시리즈〉의 첫 작품인 〈명예의 조각들〉을 내놓았다.

〈보르코시건 시리즈〉는 SF 중에서도 하위 장르로 분류되는 스페이스 오페라다. 〈스타워즈〉처럼 과학적 정합성에 지나치게 얽매이지 않는 모험물을 스페이스 오페라라고 한다. 배경은 인류가 우주로 진출해 거대한 문명권을 건설한 30세기다. 시리즈는 거기서 마일즈 보르코시건이라는 주인공이 벌이는 모험을 다룬다. 로이스 맥매스터 부졸드는 2012년까지 모두 16권의 시리즈를 썼다. 스페이스 오페라 팬들도 좋아했지만 이 하위 장르에 다소 딱딱하게 구는 비평가들도 찬사를 보냈다. SF계의 노벨상이라고 이를 법한 휴고상과 네뷸러상도 몇 차례나 받았다. 한국에서는 모두 10권이 나왔는데 더는 출간 계획이 없는 걸 보니 그리 잘 팔리지는 않은 모양이다. 여성 작가 SF들이 하나의 현상을 만들어내고 있는 한국에서 이 시리즈가 소수의 장르팬들에게만 읽혔다는 사실은 꽤 아쉬운 일이다.

솔직히 말하자면 나는 이 소설을 읽기 시작하자마자 장벽에 부딪혔다. 주인공 마일즈 보르코시건은 신분제 행성에서 귀족의 자제로 태어난 남자다. 여성 작가의 주인공이 하필 남자여야 하느냐는 불평이 나올 수도 있을 테지만 흥미롭게도 마일즈는 장애인이다. 키가 150cm도 안 되는 왜소증 환자다. 등뼈는 휘었다. 어디 부딪히기만 해도 쉽게 부러지는 뼈를 갖고 살아간다. 여기서 당신은 내가 말한 장벽이 무엇인지 깨달았을 것이다. 우리는 장르 소설을 읽을 때 주인공에게 스스로를 대입하려 애쓴다. 동일시하려 애쓴다. 심지어 우리는 젠더의 경계도 넘어서는 동일시의 재주를 익혀왔다. 여성들은 오랫동안 어쩔 도리 없이 남성 히어로에게 자신을 반영하는 기술을 터득해왔다. 남성들 역시 여성 히어로가 등장하는 장르물에 어느 정도 익숙해졌다. 〈에일리언〉alien 시리즈를 보며 '저건 여성이 주인공이니까 나와는 상관없어'라고 생각하는 남성은 거의 없을 것이다.

장애인은 다르다. 장애가 없는 사람들이 장애인 히어로에게 자신을 대입하는 일은 거의 없다. 장애인을 주인공으로 한 장르물이라는 것 자체가 거의 존재하지 않기 때문이다. 나는 〈보르코시건 시리즈〉의 첫 몇 권을 읽으며 묘한 이격감을 느꼈다. 나에게 존재하지 않는 장애를 지닌 인물의 육체적 콤플렉스를 온전히 이해할 수 없었다. 게다가 로이스 맥매스터 부졸드는 마일즈라는 인물을 괴팍할 정도로 무모하고 색욕과 명예욕에 사로잡힌 인물로 그린다. 나는 이 시리즈를 읽으며 마침내 깨달았다. 나는 단 한 번도 육체적 장애를 가진 인물이 복잡한 내면을 가진 주인공으로 묘사되는 모험담을 읽은 적이 없었다. 육체적으로 유약한 주인공은 꽤 있다. 그들 역시 〈캡틴 아메리카〉Captain America처럼 초인이 되는 혈청이라도 맞은 후에야 히어로로 거듭난다.

'보르코시건'의 영화화를 기다리며

    나는 시리즈를 읽으며 마일즈 역시 '정상적인' 육체로 거듭날 것이라는 기묘한 기대를 갖고 있었던 것도 같다. 머리로는 '장애는 비정상이 아니다'라는 문장을 새기면서도 여전히 마음은 신체를 '정상'과 '비정상'으로 구분 짓고 있었다. 로이스 맥매스터 부졸드는 이렇게 말한 바 있다. "캐릭터를 장애인으로 만들어 이슈를 프레이밍하고 싶었던 것은 아니다. 캐릭터에게 한계를 주고 그가 어떻게 해내는지 두고 보자는 마음에 더 가까웠다." 어쩌면 부졸드의 그런 의도가 마일즈라는 캐릭터를 진정으로 매력적인 인물로 만든 걸지도 모른다. 마일즈에게 장애는 극복의 대상이 아니다. 그라는 인간을 구성하는 하나의 특성일 따름이다.

    〈보르코시건 시리즈〉는 한 번도 영화화 소식이 전해진 적이 없다. 할리우드는 지난 몇 년간 여성을 비롯한 소수자들을 주인공으로 한 영화들을 만들어왔다. '다양성'이라는 새로운 시대의 사명에 답변을 내놓기 시작했다. 그 '다양성'에 여전히 장애인은 포함되지 않는다. 제임스 카메론James Cameron은 〈아바타〉Avatar 시리즈에서 하반신을 쓸 수 없는 주인공을 등장시켰지만 그 역시 새로운 행성에서 새로운 몸을 부여받는다. 결국 장애는 어떤 방식으로든 극복되어야 한다는 서사만이 투자자들의 심사를 통과할 수 있는 것이다. 나는 〈보르코시건 시리즈〉가 영화화되는 날을 여전히 기다리고 있다. 나는 이 쾌활한 모험담만큼 장애에 대한 나의 편견을 흔쾌하게 깨부수는 오락거리를 본 적이 없다. 장르의 세계에는 더 많은 로이스 맥매스터 부졸드가 필요하다. 더 많은 마일즈 보르코시건이 필요하다.

"우리는 서로
옳다고 주장하는 것들이
충돌하는 시대에 살고 있다"

모나 헤이더 뮤직비디오 갈무리

Mona Haydar

모나 헤이더

히잡을 '쓸' 자유를 노래한
미국의 힙합가수

"네 머리카락은 어떻게 생겼니? 넌 머리카락도 예쁠 거 같은데? 그러고 있으면 땀 차지 않아? 너무 갑갑하지 않아? 네 머리카락은 얼마나 길어? (그런 질문 하기 전에) 네 인생이나 챙겨. 넌 날 이국적으로만 바라보지. 계속 이빨만 까고 입술만 계속 놀리지. 네 입은 러닝머신처럼 돌고 돌지. 난 너의 이국적인 휴가지가 아니야. 난 계속 내 히잡을 두를 거야. 내 히잡을 두를 거야."

2017년 미국 무슬림 여성 힙합 가수 모나 헤이더가 발표한 노래 '히자비'Hijabi(Wrap My hijab)의 가사다. 스카프 형태로 머리, 귀, 목과 어깨를 가리는 히잡은 무슬림 여성의 전통적인 의복이다. 얼굴만 내놓는 차도르, 눈만 겨우 내놓는 니캅, 눈도 그물 형태의 천으로 가려야 하는 부르카와 비교하자면 비교적 자유로운 의복이라고 할 수 있다. 세속주의의 영향을 크게 받은 튀르키예(터키), 모로코에서는 히잡 착용이 의무는 아니다. 하지만 이란과 사우디아라비아를 비롯한 많은 국가에서 히잡 착용은 의무다. 그런데 당신이 서구 국가에 사는 무슬림 여성이라면?

히잡을 벗어던진 여성들

오랫동안 히잡은 논쟁의 영역이었다. 가장 논쟁이 강하게 벌어진 나라는 프랑스다. 프랑스는 이미 정교가 분리된 서구에서도 가장 공격적인 정교분리 정책을 내세우는 국가다. 2004년 프랑스는 "공공 교육시설에서는 어떠한 종류의 종교적 상징물도 착용할 수 없다"며 히잡, 부르카를 공공 교육기관에서 금지했다. 이 정책이 무슬림만을 대상으로 한 것은 아니었다. 시크교의 전통적인 터번은

물론 유대교의 다윗의 별, 심지어 기독교의 십자가마저 금지됐다. 그러나 역시 가장 뜨겁게 불타오른 논쟁의 중심에는 히잡이 있었다.

프랑스의 열렬한 세속주의 정책은 이후에도 계속됐다. 프랑스는 2011년 모든 공공장소에서의 부르카 착용을 금지했다. 2016년에는 이슬람식 수영복인 부르키니도 금지하려 했다. 당시 많은 프랑스 해변 휴양지는 부르키니를 입고 수영을 하다 경찰들에게 끌려 나가는 무슬림 여성들의 항변으로 가득했다. 당시의 나는 프랑스가 지나치게 결벽증적으로 군다고 생각했던 것 같다. 공공장소 부르카 착용 금지는 어느 정도 이해할 수도 있었다. 여성의 몸이 손톱만큼도 노출되어서는 안 된다고 부르짖는 부르카는 나처럼 세속주의적인 인간에게는 확실히 여성 억압의 상징에 가까웠다. 하지만 부르키니를 입고 수영을 즐기려는 여성들을 굳이 경찰력을 동원해 끌어내야 한다고는 생각하지는 않았다.

여기서 딜레마가 시작된다. 도대체 우리 서구(솔직히 말하자, 한국 역시 '명예 서구'다) 사람들은 우리와 함께 살아가는 무슬림 여성들의 의복에 대해 어떤 입장을 가져야 할까.

모든 무슬림 여성들이 히잡에 찬성하는 것은 아니다. 무슬림 국가에 살면서도 히잡 등이 종교적 억압이라고 생각하는 여성들은 분명히 존재한다. 나는 미국에 사는 무슬림 여성을 몇 명 알고 있다. 그들은 히잡을 버리고 H&M을 선택했다. 정말이지 멋진 커리어 우먼인 그들은 멋진 곱슬머리를 휘날리며 히잡은 억압의 상징이라고 말하곤 했다. 나, 아니 우리 역시 그렇게 생각해왔다. 1979년 이란 혁명 이전의 여성들과 이후의 여성들 사진을 비교하며 얼마나 여성 인권이 후퇴했는가를 이야기하는 글들은 지금도 인터넷에서 쉽게 찾을 수 있다.

지난 몇 년 동안 재미있는 변화가 일어났다. 많은 서구 무슬림 여성이 히잡이 여성을 억압하는 복식이 아니라 주체적으로 선택한 패션이라고 목소리를 높이기 시작했다. 당시 나는 리버럴한 미국산 온라인 미디어 〈허핑턴 포스트〉에서 일하고 있었다. 우리는 종종 미국발 기사를 그대로 번역해서 실었다. 흥미롭게도 2010년대 후반부터 히잡 관련 기사들이 쏟아져 나오기 시작했다. 유니클로나, H&M 같은 거대 패션회사들이 히잡을 생산했다. 히잡을 쓰고 올림픽에 출전하는 여성 선수가 등장했다. 히잡을 쓴 바비인형도 출시됐다. 미국 매체들은 히잡이 새로운 무슬림 여성들의 주체성을 대변하는 복식이라고 선언했다. 그 중심에 '히자비'를 부른 힙합 가수 모나 헤이더가 있었다.

'히잡=억압'이란 생각에 어퍼컷을 날리다

모나 헤이더는 1988년생 시리아계 미국인이다. 그의 부모님은 1971년 시리아에서 미국으로 이민을 가 일곱 자식을 키웠다. 모나 헤이더는 14살이 되던 해 시인으로 활동하기 시작했다. 그는 주변의 많은 흑인 여성으로부터 백인 우월주의와 서구 문화에 대항하기 위해 자신의 목소리를 이용하라고 배웠고, 그걸 이른 나이에 실천하기 시작했다. 그는 2011년 미시간대학교를 졸업한 뒤 시리아로 건너가 공부를 시작했다. 그러나 곧 시리아 내전이 터졌다. 그는 다시 미국으로 돌아와 무슬림 여성으로서 자신이 할 수 있는 일들을 궁리했다. 결론은 음악이었다.

모나 헤이더의 첫 앨범인 〈바바리칸〉Barbarican은 2018

년에 발매됐다. 특히 "계속 내 히잡을 두를 거야"라고 노래하는 첫 번째 싱글 '히자비'는 곧바로 소셜미디어를 통해 인기를 모았다. 빌보드가 이 노래를 '역사상 최고의 페미니스트 송가 25' 중 하나로 선정하자 모나 헤이더의 이름은 국제적인 관심을 받기 시작했다. 미국 공영 라디오 방송국 NPR은 이 노래의 뮤직비디오를 비욘세의 〈레모네이드〉Lemonade와 비교했다. 흑인 인권운동가 맬컴 엑스의 "미국에서 가장 존중받지 못하는 부류는 흑인 여성이다"라는 말로 시작하는 비욘세Beyonce의 앨범은 흑인 여성이라는 정체성에 대한 찬사이자 정치적 선언이다. 모나 헤이더의 앨범이 무슬림 여성의 정치적 선언이라는 점에서 둘의 비교는 정말이지 온당하다.

모나 헤이더는 여성 잡지 〈글래머〉와의 인터뷰에서 "히잡을 쓰는 것은 나의 결정이며 나의 선택이다. 세상이 여성에게 강요하는 기준으로부터 나를 분리하는 것이다"라고 말했다. 그것은 우리가 이전에는 단 한 번도 듣지 못한 무슬림 여성의 목소리였다. 히잡이 당연히 종교적 억압이라고만 생각하던 사람들을 향한 거대한 어퍼컷이었다. 나는 정말이지 한 대 얻어맞은 기분이 들었다. 모나 헤이더는 오랜 세속주의자이자 무신론자인 내가 지금까지 믿어왔던 것을 완전히 다른 방향에서 다시 생각하게 만들었다.

그러나 나는 다시 딜레마에 빠졌다. 2022년 9월 13일 스물두살의 이란 여성 마흐사 아미니Mahsa Amini protests가 머리카락을 히잡으로 가리지 않았다는 이유로 종교경찰에 끌려간 뒤 사망했다. 이란 곳곳에서 경찰의 가혹 행위에 항의하는 시위가 격렬하게 이어졌다. 시위에 참가한 여성들은 목숨을 걸고 히잡을 불태우는 화형식을 치렀다. 지금까지 100여 명이 죽고 수천 명이 체포됐다. 그럼에도 이미 타오른 불길은 잦아들 기미가 보이질 않는다. 1979년 혁명 이후 이란에서 벌어진 가장 거대한 혁명이다.

프랑스 여성 셀레브리티들은 이란 시위에 동참하며 자신의 머리카락을 자르는 퍼포먼스 영상을 소셜미디어에 올렸다. 이자벨 아자니Isabelle Adjani도 제인 버킨Jane Birkin도 카트린 드뇌브Catherine Deneuve도 동참했다. 재미있는 사실은 이 퍼포먼스에 가장 열을 올리는 나라가 프랑스라는 사실일 것이다. 무슬림 이민자들과 가장 강력한 문화적 충돌이 벌어지고 있는 국가다. 나는 여기서 1996년 출간된 새뮤얼 헌팅턴Samuel Huntington의 《문명의 충돌》을 다시 떠올린다. 그는 이슬람의 인구 증가와 아시아의 경제 성장이 계속 이루어진다면 서구 문명과 다른 문명 사이의 갈등이 이데올로기 갈등을 대체할 것이라고 주장했다.

새뮤얼 헌팅턴의 주장은 흥미롭게도 인터넷, 소셜미디어의 발전과 함께 더욱 힘을 얻게 된 것처럼 보인다. 테헤란의 소녀도 서울의 소녀도 뉴욕의 소녀도 같은 소셜미디어를 본다. 같은 노래를 듣는다. 같은 드라마를 본다. 각각의 문명은 더는 고립될 수 없다. 고립될 수 없는 문명은 필연적으로 충돌한다. 미국 힙합 가수는 히잡을 쓸 자유를 노래한다. 이란 여성은 히잡을 벗을 자유를 토로한다. 정교를 철저하게 분리하는 프랑스의 세속주의는 스스로 히잡을 선택하겠다는 무슬림 여성에 대한 억압일 것이다. 정교를 분리해서는 안 된다는 이란의 이슬람주의는 히잡을 벗겠다는 무슬림 여성에 대한 억압일 것이다. 둘 사이에서 우리는 무엇이 옳고 무엇이 그르다고 말할 수 있을까.

쓸 자유와 벗을 자유의 충돌

물론 이란 여성들이 히잡 자체를 거부하는 것은 아닐 것이다. 본질적으로 그들이 원하는 것은 선택의 자유다. 그럼에도 결국 모든 것의 중심에는 히잡이 있다. 소셜미디어 시대는 다원주의의 시대다. 다양성을 인정하고 다양한 의견을 존중해야 한다고 모두가 말한다. 그건 지나칠 정도로 옳은 말이다. 그러나 모든 다양한 의견을 존중한다는 것은 어떠한 옳고 그름의 경계도 인정하지 않는다는 것과 동일한 말처럼 느껴질 때도 있다. 그러니 솔직하게 고백하자. 나의 내면은 지금 충돌하고 있다. 이 글을 읽는 당신의 내면 역시 충돌하고 있을 것이다. 모든 것이 충돌하기 시작했다. 충돌의 시대에 편안하게 살기 위해서 필요한 경구는 어쩌면 하나밖에 없을지도 모르겠다. 돈 룩 업.

"세종문화회관 자리에
   티타늄 궁전이 들어선다면?"

©SINGULART

Frank Gehry

프랭크 게리

몰락하던 공업 도시를
세계적인 관광지로 만든 건축계 거장

나는 프랭크 게리를 싫어한다. 맞다. 그는 건축계의 가
장 거대한 슈퍼스타다. 가장 유명한 건물은 스페인 빌바
오의 구겐하임 미술관이다. 그의 이름을 모르는 사람이라
도 티타늄 갑옷을 입은 이 미술관의 위용을 사진으로 본
적이 있을 것이다. 은박지를 구겨서 바닥에 던진 다음 그
곡선을 토대로 쌓아 올린 것 같은 이 건물은 철저한 과시
용이다. 많은 현대 건축물들은 대개 '나를 좀 보세요'라고
완곡하게 말을 건다. 빌바오 구겐하임은 '네가 나를 보지
않고 지나칠 수 있겠어?'라고 호통을 친다. 당신이 빌바오

주민이라면 이 건물은 축복이거나 고통일 것이다. 너무나도 자기주장이 강한 건물이기 때문에 당신은 강력한 존재감을 무시할 도리가 없다. 그런데 그건 좋은 건축인가?

건축이 인간의 심미안을 만족시키고 삶을 풍요롭게 만들 수 있다는 사실을 나는 한국의 전설적인 건축가 김중업의 걸작으로부터 배웠다. 나는 '맞춤법 검사기'로 가장 유명한 부산대학교를 나왔다. 딱히 눈에 띄는 건물이 없는 캠퍼스에서 언제나 오롯했던 건 인문관이었다. 언덕을 타고 흐르게 설계된 이 하얀색 건물은 특히 꺾어지는 곡선이 기가 막히게 아름다웠다. 나는 학교를 여러 해 다닌 후에야 이 건물이 삼일빌딩을 만든 한국 현대건축의 아버지 김중업의 작품이라는 사실을 알게 됐다. 유리 파사드에 둘러싸인 중앙 계단은 빛이 쏟아지는 날 강의실을 찾아 걷는 것만으로도 황홀했다. 2014년 국가등록문화재로 지정된 이 건물에는 가이드 투어도 있다. 부산 여행을 계획하고 있는 분들이라면 꼭 가보시기를 권한다.

예술의전당은 왜 '위대한 랜드마크'가 되지 못했을까?

우리는 서울에 김중업의 위대한 랜드마크를 가질 기회를 놓친 적이 있다. 너무 바른 소리들을 해댄 탓에 유신 정권의 탄압을 받아 외국 생활을 했던 김중업은 박정희가 사망하자마자 한국으로 돌아왔다. 그리고 1984년 예술의전당 지명 현상 설계에 참여했다. 건축적으로는 다소 삭막했던 80년대 서울에서 역사에 남을 랜드마크를 지을 수 있는 기회였다. 김중업과 동세대에 활동한 라이벌 건축가 김수근도 현상 설계에 참여했다. 그런데 당선작은 김중업과 김수근 아래서 사사했던 후배 건축가 김석철의 다소 평범한 작품이었다. 기록에 따르면 김중업은 억울하게 낙선됐다는 생각에 충격을 받아 쓰러진다. 그는 사경을 헤매다가 회복했지만 1988년에 작고했다.

나는 예술의전당의 최초 설계안들을 가끔 들여다본다. 개인적인 미감으로 판단하자면 김중업과 김수근의 설계안이 김석철의 것보다 확실히 더 아름답다. 김수근의 안은 옆으로 넓게 퍼진 수평의 건물들이 마치 파도처럼 우면산으로 이어진다. 김중업의 안은 지붕의 곡선이 놀랄

만큼 담대하다. 나는 김중업의 설계안이 당선됐더라면 어땠을까를 종종 상상한다. 하지만 설계안이 당선됐더라도 김중업의 마지막 삶은 그리 편안하지 않았을 것이다. 김석철의 안으로 건설된 예술의전당을 보면 충분히 짐작할 수 있는 일이다. 지금 예술의전당에서 가장 특징적인 건물은 한국의 '갓'을 형상화했다는 오페라하우스와, 위에서 내려다보면 '부채'처럼 보이는 음악당이다. 그런데 두 건물은 김석철의 첫 설계안에서는 찾아볼 수가 없다. 도대체 어떻게 된 것일까?

우리는 예술의전당이 전두환과 노태우 정권하에 진행된 프로젝트라는 것을 염두에 두어야 한다. 군사 정권 집권하에 있던 국가들의 대규모 건축 프로젝트는 대개 권력자의 취향 안에 머무른다. 그리고 그들의 취향은 국가주의, 민족주의와 관계가 깊다. 어떻게든 '전통'이라는 것을 건축에 덧씌워야 정권의 역사적 정당성을 인정받을 수 있다고 믿기 때문이기도 하다. 김석철 역시 설계안을 변경하라는 압력에 시달렸다. 결국 그는 여러 번 설계안을 고친 후 한국의 갓을 쏙 빼닮은 오페라하우스를 제시했다. 정권은 "국가적 상징성이 부족했는데 이제는 됐다"는 말과 함께 최종 승인을 했다. 덕분에 우리는 누가 보아도 노골적일 정도로 한국의 갓을 상징화한, 촌스러울 정도로 직설적으로 '이것이 한국이다!'라고 소리를 지르는 건물을 갖게 됐다.

서울시는 얼마 전 광화문의 세종문화회관을 재건축해 '세계적인 랜드마크'로 만드는 10년 계획을 검토 중이라고 발표했다. 반대가 쏟아졌지만 찬성하는 의견도 있다. 꽤 많은 사람들은 이 건물이 보행자들의 동선을 막아세우는 육중하고 뻣뻣한 콘크리트 덩어리라고 불평한다. 사실 더 나빠질 수도 있었다. 이미 설계가 확정된 뒤 박정희는 갑자기 "지붕에 기와를 얹으라"고 지시했다. 세종문화회관의 건축가 엄덕문은 이를 거절했다. 그는 "기와를 씌우지 않고도 전통을 살릴 수 있으니 맡겨달라"고 고집을 부렸다. 그러나 그는 군사 정권의 민족주의적 미학으로부터 완전히 탈출할 수는 없었을 것이다. 타협의 결과로 만들어진 세종문화회관은 이를테면 '권위'의 건물이다. 그건 현대 도시의 건물보다는 오히려 아테네의 언덕에 육중하게 자리 잡은 파르테논에 더 가깝게 느껴진다.

이제 다시 프랭크 게리에 대해서 이야기해보자. 1929

년생인 그는 이미 1989년에 건축계의 오스카인 '프리츠커 상'을 수상한 거장이다. 그러나 진정한 전성기는 빌바오 구겐하임 미술관의 완성과 함께 찾아왔다고 해도 과언이 아닐 것이다. 스페인 북부 바스크 지역의 중심 도시인 빌바오는 몰락하던 공업 도시다. 바스크 정부는 생기를 잃어가는 도시를 살리기 위해 문화를 이식하기로 했다. 그 중심에 있는 프로젝트가 구겐하임 미술관이었다. 1997년 미술관이 건설되자마자 빌바오는 해마다 100만 명 이상의 관광객이 찾는 명소가 됐다. 사람들은 오로지 프랭크 게리의 건물을 보기 위해 몰려들었다. 그리고 우리는 대규모 문화시설 건축을 통해 도시를 재생시키는 것을 '빌바오 효과'라고 일컫게 된 것이다.

빌바오는 전통이 골목마다 살아 있는 전형적인 스페인 도시다. 이런 도시의 한가운데 금박지를 구겨 놓은 것 같은 현대 건물을 꽂아 넣는 것은 미학적 선택이기도 하지만 정치적 선택이기도 하다. 건설이 확정되자 난리가 났다. 빌바오 시민의 95%가 건설을 반대했다. 지역 언론은 프랭크 게리의 설계안이 도시의 역사성을 파괴할 것이며 엄청난 적자를 안겨줄 거라며 격렬하게 빌바오시를 때려댔다. 빌바오시는 개의치 않고 건설을 강행했다. 대규모 공공 건축 프로젝트를 완성하기 위해서는 때로 여론을 역행하는 모험이 필요하다. 그리고 나는 그 증거로 모두가 싫어하는 (혹은 싫어하는 척하는) 건물을 예로 들 참이다. 동대문디자인플라자DDP다.

담대한 건축물 들어선 서울을 상상해본다

2014년 완공된 DDP는 유기적인 디자인으로 유명한 건축가 자하 하디드Zaha Hadid의 유작이다. 사람들은 좀처럼 이 건물을 좋아한다는 말을 입 밖으로 잘 꺼내지 못한다. 세빛섬과 함께 전시행정의 대표적인 사례로 끝없이 비판을 받는 탓이다. 서울과 도무지 어울리지 않는 건물이라는 미학적 비판도 여전하다. 나는 동대문 운동장이 있던 시절의 동대문을 기억한다. 그 경기장은 노후화된 탓에 주차장이나 풍물시장으로 활용됐다. 그저 그 건물이 거기에 오랫동안 있었다는 이유만으로 도시의 유산이 되는 건 아니다. 사람들은 DDP가 동대문의 역사성을 무시한 건물이라고 말하지만 그렇다면 파리 한가운데의 퐁피두 센터는 역사성을 간직한 건물인가? 빌바오의 구겐하임 미술관은? 바르셀로나의 고풍스러운 풍광 속에 빛나는 오이처럼 솟아 있는 아그바르 타워는?

　게다가 많은 오해에도 불구하고 DDP는 지속적으로 어느 정도 흑자를 기록해왔다. 천문학적인 건축 비용을 단번에 뽑을 정도는 아니지만 재정적인 실패라고 단언할 수도 없다. DDP에 대한 평가는 해가 갈수록 조금씩 나아지고 있다. 문재인 정부 역시 2020년 광복절 경축식을 DDP에서 열며 "DDP는 경성 운동장, 서울 운동장, 동대문 운동장을 거쳐 오는 동안 역사적 의미와 미래지향적 이미지를 함께 지닌 상징적 장소"라고 말한 바 있다. 많은 비판에도 DDP는 이미 서울의 역사가 됐다. 어울리지 않는 것을 마구잡이로 욱여넣으며 제멋대로 성장해온 도시 서울에 DDP는 꽤 어울리는 불협화음이라는 것을 인정하지 않을 도리가 없다.

　나는 세종문화회관을 지나갈 때마다 프랭크 게리의 번쩍이는 티타늄 궁전이 들어서는 광경을 상상해본다. 경복궁의 한국적인 곡선과 해체주의적 현대 건축의 곡선이

요란하게 부딪히는 풍경을 떠올린다. 물론 이 글의 첫머리에 말했듯이 나는 프랭크 게리를 그다지 좋아하지 않는다. 나의 건축 취향은 그렇게 해체주의적으로 번드르르하지 않다. 그가 만약 세종문화회관을 새로 짓는다면 그 건물은 서울에서 가장 미움받는 랜드마크가 될 것이 분명하다. 하지만 당신은 에펠탑이 파리를 망쳤다고 짜증을 내면서도 "파리에서 에펠탑이 보이지 않는 장소는 여기뿐"이라며 에펠탑에 있는 음식점에서 식사를 했던 프랑스 문호 모파상의 심정을 마침내 이해하게 될지도 모른다. 어쩌면 서울은 좀 더 대담하게 망쳐도 좋은 도시다.

"'현대의 슈퍼히어로'
우주비행사들의 옷은
누가 디자인할까?"

©batmananthology.fandom

Jose Fernandez

호세 페르난데스

우주복 디자인하는
할리우드 특수의상 디자이너

나는 당근마켓에 중독됐다. 아이폰 특유의 사람 놀리는 듯한 알람과 당근마켓의 알림 소리에 잠을 깬다. 설정한 키워드에 해당하는 상품이 올라오는 순간 당근마켓은 '당근! 당근!' 하는 소리를 내지른다. 최근에는 온갖 브랜드 이름과 함께 한 가지 키워드를 더 등록했다. '남편'이다. 누군가가 '당근 개꿀 검색 키워드'라며 추천한 단어다. '남편이 몰래 산 물건 처분합니다'라거나 '남편 물건인데 둘데가 마땅찮아 팝니다'라는 설명을 단 매물들이 시가보다 훨씬 싸다는 사실을 사람들이 발견하고야 만 것이다. 이 글을 읽는 당신이 혹시 300만 원짜리 자전거를 "30만 원에 샀어"라고 아내에게 속인 적이 있는 남편이라면, 그리고 몇 달 뒤 그 자전거가 "남편이 사놓고 타질 않아서 팝니다"라는 문장과 함께 당근마켓에 20만 원에 올라온 걸 본 적이 있는 사람이라면, 이게 무슨 뜻인지 대충 짐작할 것이다. 부부의 세계란 끊임없이 서로 속고 속이며 완성되는 세계가 아닌가, 결혼을 한 적 없는 나로서는 그렇게 납득할 수밖에 없는 것이다.

'당근마켓'에 등장한 러시아 우주복

하여간 당근마켓은 정말이지 놀라운 장소다. 도저히 구할 수 없어 보여서 거의 포기한 물건들이 매일매일 올라온다. 잦은 온라인 사기로부터도 비교적 안전하다. 자신이 사는 동네 근처로 거래를 한정한다는 점에서 지역 커뮤니티 활성화에도 꽤 도움이 된다. 궁극적으로 당근마켓은 '중고'를 팔거나 구매하는 데 인색하던 한국인들에게 새로운 시장을 하나 열어젖혔다. 이렇게 장점을 줄줄

이 쓰다 보니 마치 내가 당근마켓에 투자라도 한 것처럼 들릴까 걱정이다. 주식도 코인도 한 적 없어 때때로 땅을 치는 나에게 스타트업에 투자를 할 만한 대담함이 있을 리 만무하다.

얼마 전 당근마켓에는 놀라운 중고가 하나 올라왔다. '러시아 소유즈 우주선 우주복'이다. 소유즈(소유스)는 러시아의 대표적인 유인우주선이다. 경기도 용인 지역에 사는 판매자가 올린 이 우주복은 러시아 국기와 유럽우주기구 로고가 새겨져 있는 것으로 보아 진짜 우주비행사가 입었던 것으로 추측된다. 가격은 1500만 원인데 이미 다른 수집가에게 팔린 상태다. 나는 누군가 페이스북에 올린 이 매물의 사진을 보고 조금 감동을 받았다. 한국에는 오덕도 많고 수집가도 많다. 하지만 나의 레이더에 걸리는 것은 기껏해야 건프라_{건담 프라모델}나 LP 정도를 수집하는 사람들이었다. 진짜 우주복을 수집하고 심지어 거래하는 사람들이 있을 거라는 생각은 해본 적도 없다. 드러나지 않았을 뿐이지 한국은 진정으로 희귀한 수집광들이 가득한 나라였던 것이다.

나도 우주복을 꽤 좋아한다. 심지어 아폴로 미션에 참

가한 우주인들이 우주복을 입은 사진을 크게 프린트해 액자에 넣어 벽에 걸어두고 있다. 넷플릭스의 한국 SF 시리즈 〈고요의 바다〉를 보면서는 혼자 불평을 좀 했다. 지금보다 반세기 후의 미래를 배경으로 했는데도 우주복은 그다지 발전을 하지 않은 것 같아서였다. 많은 SF 영화들이 우주복을 디자인할 때 참고로 삼는 건 미국 항공우주국 NASA·나사의 우주복이나 〈에일리언〉 같은 역사적인 고전들일 것이다. 최근의 영화들도 그 디자인에서 그리 멀리 나아가지는 않는다. 종종 현실은 상상보다 더 빨리 진화한다. 일론 머스크Elon Musk가 설립한 민간 우주기업 스페이스X가 2020년 5월에 쏘아 올린 인류 최초 민간 유인우주선 '크루 드래건'의 승무원이 입었던 우주복이 증거다.

많은 사람들은 크루 드래건의 발사 과정을 보며 약간의 충격을 받았을 것이다. 이 우주선의 실내는 나사의 우주선과는 달랐다. 수백 개의 버튼이 달린 복잡한 계기판은 없었다. 유기적인 디자인의 의자 앞에는 마치 테슬라의 전기자동차처럼 거대한 터치스크린밖에 없었다. 테크놀로지가 발전하면 테크놀로지를 품는 도구 역시 오히려 단순해지게 마련이라는 사실을 우리는 확연하게 깨달은 것이다. 우주복은 더 놀라웠다. 최근의 할리우드 SF 영화 속 우주복보다도 더 간결했다. 물론 이 우주복은 우주선 탑승용이기 때문에 냉각장치나 산소 공급 코드 등은 필요가 없다. 그런 점을 고려하더라도 옆구리에 검은색 라인을 넣고 무릎까지 올라오는 장화까지 맞춘 스페이스X의 우주복은 확실히 '디자인을 위한 디자인'이었다. 멋져 보이기 위해 만든 옷이었다.

시작은 할리우드 디자이너로부터

비밀은 디자이너다. 일론 머스크가 스페이스X의 우주복 디자인을 맡긴 사람은 나사의 직원도, 기술자도 아니다. 할리우드 특수의상 디자이너인 호세 페르난데스다. 멕시코계 미국인인 호세 페르난데스는 주로 슈퍼히어로 영화나 SF 영화의 의상 디자인을 담당해왔다. 그가 참가한 영화들의 리스트를 보면 이 남자가 어떤 종류의 의상을 디자인해왔는지 대충 짐작이 갈 것이다. 그는 1989년 작인 팀 버튼Tim Burton의 〈배트맨〉Batman에서 특수의상을 맡으면서 경력을 시작했다. 그가 이름을 알리기 시작한 건 역시 팀 버튼이 연출했던 〈혹성탈출〉Planet of the Apes, 2001과 〈엑스맨 2〉X2, 2003부터다. 이후 그는 〈아이언맨 2〉Iron Man, 2010, 〈토르〉Thor, 2011, 〈어벤져스〉The Avengers, 2015, 〈스파이더맨: 홈커밍〉Spider-Man, 2017, 〈아쿠아맨〉Aquaman, 2018 등 마블과 디시DC 영화에서 슈퍼히어로들의 의상을 담당하며 할리우드에서 가장 앞서가는 디자이너로서 명성을 쌓았다. 아마도 내 생각에 일론 머스크가 가장 큰 감흥을 얻은 영화는 2013년 SF 영화 〈오블리비언〉Oblivion이었을 것이다. 그 영화에서 톰 크루즈가 입은 우주복은 스페이스X의 우주복과 꽤나 닮아 있다.

그런데 이게 말이 되는 소리냐고? 실제 우주인들이 입을 우주복을 할리우드 특수의상 디자이너에게 맡기는 것이 가능한 일이냐고? 모두가 상자 속을 상상할 때 상자 바깥의 세계를 내다보는 괴상한 천재 일론 머스크에게는 그게 가능한 일이었다.

그러나 호세 페르난데스에게는 아니었다. 그는 2016년 스페이스X로부터 연락을 받았다. 우주복 디자인 경쟁에 참여하지 않겠냐는 제안이었다. 처음에 그는 '스페이스X'가 새로 제작되는 SF 영화의 제목이라고 생각했다. 이게 실제 우주 프로그램이라는 사실을 깨닫게 된 호세 페르난데스는 당황했지만 어쨌거나 2주 뒤 헬멧을 디자인해서 스페이스X에 보냈다. 여섯 명의 디자이너가 만든 헬멧 중에서 일론 머스크는 호세 페르난데스의 헬멧을 선택했다. 이유는 하나였다. 보기 좋아서. 그리고 페르난데스는 스페이스X의 우주복을 디자인하는 중책을 떠맡았다.

일론 머스크의 요구는 하나였다. "턱시도처럼 만들어달라." 턱시도는 보통 사람들의 슈퍼히어로로 코스튬이다. 턱시도를 입는 순간 우리는 실제보다 더 근사한 존재가 된다. 호세 페르난데스는 일론 머스크의 요구대로 우주로 나가는 턱시도를 디자인했다. 그리고 스페이스X는 장치나 시스템의 구조 분석을 통해 기술적 원리를 만드는 리버스 엔지니어링Reverse Engineering으로 우주복을 완성했다. 먼저 디자인을 하고 거기에 맞춰서 기술을 완성한 것이다. 일론 머스크의 이런 디자인 원칙은 브라운의 디자이너였던 디터 람스, 애플의 스티브 잡스Steve Jobs와 일맥상통하는 데가 있다. 가장 위대한 테크놀로지의 선각자들은 하나같이 훌륭한 디자이너였다. 그들이 내놓은 제품들은 테크놀로지의 역사뿐 아니라 디자인의 역사를 다시 썼다. 업계의 기준과 우리의 생활을 바꾸어 놓았다. 확실히 디자인은 점점 더 중요해지고 있다. 우리는 더는 '성능'만을 위해 제품을 구입하지 않는다. 지금 이 글을 쓰고 있는 방에는 일본의 제품 디자이너 후카사와 나오토深澤直人가 만든 무인양품의 벽걸이 CD플레이어가 돌아가고 있다. 줄을 당기면 작동하고 줄을 다시 당기면 멈춘다. 기능이라고는 오로지 그것밖에 없다. 더 기능이 많으면서 저렴하고 음질이 나은 CD플레이어도 많다. 그럼에도 나는 이 제품이 고장나자 똑같은 모델을 다시 구매했다. 당신이 더 성능이 좋고 가격도 저렴한 데스크톱을 모조리 무시하고 굳이 애플의 아이맥을 산 것과 같은 이유에서다.

매력적인 우주비행의 출발 '우주복'

〈뉴욕 타임스〉는 스페이스X 우주복의 디자인에 대해 이렇게 썼다. "지금까지의 우주복은 우주인들의 안전이 유일한 관심사였기 때문에 매력적으로 보일 필요는 없었다. 그러나 민간기업이 시도하는 우주비행에는 색다른 디자인이 필요하다." 민간기업의 우주비행은 각 기업 대표의 꿈의 실현이기도 하지만 동시에 막대한 이윤을 위한 사업이기도 하다. 우주비행이 대중에게 매력적으로 보이지 않는다면 사업의 미래는 없다. 일론 머스크는 우주비행사들이 현대의 슈퍼히어로라는 사실을 잘 알고 있다. 호세 페르난데스가 디자인한 우주복은 모두가 슈퍼히어로가 되는 시대가 올 것이라며 우리를 꼬시는 일론 머스크의 앙큼한 광고판이다. 그리고 그 광고판은 놀라울 정도로 훌륭하게 작동하고 있다.

"연대할 수 있는
캐릭터만큼이나
연대할 수 없는 캐릭터도
필요하다"

©Louis Moinier

Michel Houellebecq

미셸 우엘베크

극도로 존경받고
극도로 미움받는 남자

　미셸 우엘베크. 내가 가장 좋아하는 작가의 이름을 말하려면 약간의 용기가 필요하다. 그는 남자다. 프랑스 백인 남자다. 1958년생이니 나이도 많다. 꼰대다. 정치적으로는 보수다. 보수 정도가 아니다. 종종 우파 극단주의자로 분류되기도 한다. 인종차별주의자로 불릴 때도 있다. 무엇보다도 꽤 많은 독자들이 그를 성차별주의자나 여성혐오론자로 간주한다. 그의 가장 센세이셔널한 작품은 프랑스가 이슬람 국가로 바뀐 가까운 미래를 다룬다. 극우 정당 국민전선을 경계한 프랑스의 좌우 진영이 결선에 진출한 이슬람당을 지지하고 결국 이 당은 정권을 거머쥔다. 처음에는 프랑스 사회에 맞춘 온건한 정책을 펼치던 이슬람당은 결국 프랑스의 오랜 정교분리 세속주의를 파괴한다. 프랑스가 늙은 대학교수들이 젊은 여성들을 후처로 거느리고 살아가는 이슬람 국가로 변모하는 것이다. 올더스 헉슬리Aldous Huxley의 〈멋진 신세계〉Brave New World, 1932의 종교적 패러디라고 할 법한 이 책의 제목은 《복종》Soumission, 2015이다.

'이슬람 혐오' 상징이 된 소설

책이 출간되기도 전에 프랑스는 난리가 났다. 많은 사람이 이 책이 프랑스 사회에 만연한 이슬람에 대한 공포를 토대로 사람들을 선동하는 책이라고 비난했다. 극우 국민전선의 당수인 마린 르펜이 "허구지만 언젠가 현실이 될 수 있는 소설"이라고 말한 것은 정말이지 미셸 우엘베크에게 도움이 되지 않았다. 더 큰 일이 생겼다. 《복종》이 프랑스 전역에 출간되던 2015년 1월 7일 '샤를리 에브도 테러 사건'이 발생한 것이다. 이슬람 원리주의 테러리스트 두 명이 무함마드를 풍자하는 만화를 실었던 신문 〈샤를리 에브도〉 본사를 공격해 12명을 학살했다. 하필 그날 〈샤를리 에브도〉 1면에는 우엘베크의 캐리커처가 그려진 만평이 있었다. 사람들은 어떻게든 두 사실을 연결하고 싶어 안달이 난 상태였다. 우엘베크는 신간 홍보를 포기하고 프랑스를 떠났다. 프랑스 총리 마뉘엘 발스Manuel Valls 는 "프랑스는 미셸 우엘베크가 아니다"라고 말했다. 《복종》은 결국 프랑스 우파의 이슬람 혐오를 상징하는 책이 되어버렸다.

아마도 당신은 미셸 우엘베크라는 이름을 지금 처음 들었을지도 모른다. 그러니 이 극도로 존경받고 극단적으로 미움받는 남자의 경력을 훑어보는 것은 꼭 필요한 일일 것이다. '미셸 토마'라는 이름으로 1958년 동아프리카의 프랑스령 섬 '라 레위니옹'에서 태어난 그는 착실히 엘리트 코스를 밟았다. 그는 프랑스 최고 고등교육기관인 그랑제콜에서 농업경제학과 정보학을 공부했다. 그러고는 정보통신IT 업계와 국회 일을 거친 뒤 1985년에 시인으로 등단했다. 시인으로서 꽤 명성을 얻은 그가 본격적으로 문단의 주목을 받게 된 건 1994년 첫 장편 《투쟁 영역의 확장》Extension du Domaine de la Lutte을 내놓으면서부터였다. 주인공은 서른살의 IT 업계 종사자로 예민한 성격에, 삶에 대한 의지는 별로 없는 데다 우울증까지 앓고 있다. 이 책은 그 뒤 우엘베크가 내놓는 소설들의 주제를 이르게 품고 있다. 경제적·성적 자유주의 사회에서 고통받으며 체제에서 탈락하는 남자들의 내면을 날카롭게 그려내는 것이다.

《투쟁영역의 확장》으로 주목받기 시작한 우엘베크는 1998년 스스로도 결코 능가하지 못할 걸작을 내놓았다. 《소립자》Les Particules Elementaires다. 이것은 한마디로 말하자면 '멸종'의 이야기다. 주인공은 아버지가 다른 형제 브루노와 미셸이다. 브루노는 이성이 부족하고 미셸은 감정이 부족하다. 브루노는 끊임없이 여자를 찾는다. 미셸은 끊임없이 인간을 혐오한다. 우엘베크는 그들이 왜 그렇게 극단적인 존재가 됐는가를 부모 세대의 시대정신으로부터 하나하나 짚어나간다. 《소립자》가 출간되자마자 서구 문단은 뒤집어졌다. 누구는 서구의 종언을 부르짖는 현대문학의 절정이라고 했다. 누구는 혐오스러운 개똥철학이라고 했다. 이 책의 결론은 (가벼운 스포일러 주의! 만약 결말을 알고 싶지 않다면 다음 단락으로 넘어가시길!) 유전자조작으로 육체적 관계 없이도 번식하고, 모두 동일한 유전자를 가진 새로운 인류가 탄생해야 한다는 것이다. 많은 사람이 이 책의 결말이 주는 세계관이 결국 순수 혈통의 교배를 통해 새로운 인류의 질서를 만들어야 한다고 침을 튀기며 주장했던 히틀러의 사상과 다를 것이 없다고 비판했다.

불편·불쾌한 욕망을 자비 없이 묘사하다

우엘베크 특유의 노골적인 묘사들도 이런 비판을 방어하는 데 별 도움이 되지 않았다. 그는 주인공들의 입을 통해 인종차별과 여성 비하적인 묘사들을 거침없이 쏟아낸다. 우엘베크의 인물들은 정말이지 쓰레기다. 그의 '남성'들은 지질하고 경멸스럽고 구차하고 너저분하고 민망하고 추접스럽다. 나는 한국어에 존재하는 모든 부정적인 단어를 이 문장에 다 집어넣을 수도 있다. 그의 최신작인 《세로토닌》serotonin, 2020을 한번 살펴보자. 주인공은 끝이 없는 권태에 사로잡혀 자발적인 실종자가 되기로 결심한 40대 프랑스 남성이다. 농업 전문가로서 정부에서 꽤 높은 보수를 받으며 살던 그는 삶을 정리하고 숨어든다. 그리고 '행복을 관장하는 호르몬'인 세로토닌을 강제로 끌어올리는 항우울제를 복용한다. 현대사회의 피로를 묘사한 책 아니냐고? 맞다. 하지만 당신은 이 주인공에게 자신을 대입하기를 꺼리게 될 것이다. 그는 여성을 끊임없이 성적 대상화하고 동성애자를 혐오하는 말을 마구 내뱉는 남성이기 때문이다.

《세로토닌》에서 가장 구역질 나는 캐릭터는 잠깐 등장하는 소아성애자 독일인이다. 주인공은 그가 머무르는 방갈로 근처에 사는 독일인 여행자를 몰래 지켜본다. 독일인에게는 어린 10대 소녀가 항상 방문한다. 우엘베크는 독일인의 방갈로에 몰래 숨어든 주인공이 컴퓨터에 담겨 있는 소아성애의 현장을 보게 되는 장면을 지나칠 정도로 세밀하고 노골적으로 묘사한다. 나는 이 대목에서 치를 떨다가 갑자기 이런 생각을 했다. 과연 지금 한국 작가가 자신의 소설에 소아성애자 캐릭터를 등장시키는 것이 가능할까? 소설은 출간되자마자 그 대목만 사진으로 캡처돼 소셜미디어에 수천 번 공유될 것이다. 작가는 "거울로 세상을 비췄을 따름인데 거울 속의 세상이 추한 것을 작가 탓으로 돌리지 말라"고 항변할 것이다. 그러나 책을 읽지 않은 사람들은 그 캡처된 대목만으로 소설과 작가를 재단할 것이다. 작가는 결국 사과문을 남긴 채 잠적할 것이다. 출판사는 책을 절판시키거나 해당 대목을 완전히 삭제한 채 재출간할 것이다. 다시 그가 소설을 쓰는 날은 오지 않을 것이다. 사실 "거울로 세상을 비췄을 따름인데" 운운은 우엘베크가 실제로 한 말이다.

당신은 어쩌면 이 글을 읽고도 《세로토닌》을 읽게 될 수도 있다. 그런 뒤 '정치적으로 지극히 올바르지 못한 남성 주인공이 여성을 지속적으로 성적 대상화하고 혐오하며 동성애자를 증오하고 소아성애자를 관찰하며 결국 자신이 가장 사랑했던 여성이 어떻게 살고 있는지 스토킹하며 끝나는 소설'이라고 간단하게 축약하며 비난할 수도 있을 것이다. 실제로 우엘베크 소설에 대한 이와 비슷한 반응들을 얼마든지 인터넷에서 찾을 수 있다. 그런 비난은 온당한가? 이 글의 처음에 소개한 《복종》은 정말이지 아무런 희망도 없이 끝난다. 주인공 대학교수는 이슬람

학교가 된 소르본 대학에서 시대정신이 되어버린 이슬람에 그냥 복종하고 살아간다. 하지만 항간의 불평에도 《복종》은 특정 종교를 혐오하기 위해 쓴 소설은 아니다. 오히려 우엘베크는 이슬람교가 지배하는 가상의 프랑스 사회를 통해 지금 이슬람교와 서구 자유주의가 어느 정도는 지니고 있을 정신적 폐허를 동시에 풍자한다.

우엘베크의 책은 언제나 불쾌하고 불편한 인물과 표현으로 가득하다. 불쾌하고 불편한 표현을 지운다고 세상이 나아지는 건 아니다. 픽션에서 금기들을 금기한다고 금기하는 금기가 사라지지 않는 것과 같다. 픽션은 세상을 반영하는 거울이다. 우리는 거울 속 추접한 모습을 보며 우리 내부의 불편하고 불쾌한 욕망과 마주한다. 픽션은 종종 우리를 가장 근원적인 욕망의 바닥까지 끌고 내려가 냉정하게 내동댕이친다. 우엘베크의 소설들은 자비라고는 손톱만큼도 없다. 그는 스스로를 절멸시키려 발버둥 치는 캐릭터들을 거침없이 그려낸다. 거기서 우리는 인간의 위선과 허위를 목도한다. 우엘베크는 그걸 마주하는 독자들마저 비웃는다. 그런데 희한하게도 우엘베크의 소설들은 로맨틱하다. 그 위선과 허위와 혐오로 똘똘 뭉

친 인물들이야말로 가장 간절하게 '사랑'을 갈구하는 (그리고 실패하는) 존재들이기 때문이다. 이 기가 막힐 정도로 이율배반적인 주제의식은 책의 마지막 장을 덮는 독자의 뒤통수를 강하게 때린다. 가장 더러운 연못에서 가장 아름다운 꽃을 피워내는 재주다.

문제는 자기검열이다

우엘베크 같은 작가가 다시 등장할 수 있을까? 우엘베크와 함께 살아 있는 위대한 서구 작가 중 한 명일 가즈오 이시구로石黑一雄는 얼마 전 '두려움의 분위기'가 많은 작가들로 하여금 정말로 쓰고 싶은 글들을 쓰지 못하게 하고 있다고 경고했다. 2017년 노벨상을 받은 이 일본계 영국인 작가는 BBC와 한 인터뷰에서 "익명의 무리들이 온라인에서 폭력을 행사해 작가들의 삶을 고통스럽게 만들수 있다"며 "특히 젊은 작가들이 이런 일을 겪을 것이 심히 우려된다"고 했다. 문제는 자기검열이다. 사람들은 작가들이 그려내는 캐릭터의 생각과 말을 작가 개인의 것으로 받아들이는 경향이 있다. 그 경향은 소셜미디어 시대가 열리면서 더욱 공고해졌다. 사람들은 정치적으로 올바르지 못한 묘사와 표현 자체를 지워버리고 불편한 캐릭터들을 삭제하기를 원한다. 창작자들은 위험을 감수하느니 자신의 작품을 미리 검열한다. 가즈오의 말은 이런 움직임에 대한 비판이다. 그는 젊은 작가들이 "직접 경험하지 않은 캐릭터들을 묘사하는 데 자기검열을 할까 우려된다"며 "아직 자신의 커리어와 명성이 불안정하다고 느껴 위험을 감수하지 않으려 할까 두렵다"고 근심한다.

최근에 만난 한 창작자는 나에게 이렇게 말했다. "요즘은 연대할 수 있는 캐릭터를 만들고 싶다는 말을 젊은 창작자들로부터 자주 들어요. 그런데 '연대'라는 것이 픽션 속 캐릭터의 가장 중요한 미덕이어야 하나요?" 나는 우엘베크의 캐릭터와 연대할 수 없다. 연대하기를 원하지 않는다. 하지만 우리에게는 정치적으로 올바르고 연대할 수 있는 캐릭터만큼이나 정치적으로 불공정하고 연대할 수 없는 캐릭터들이 필요할지도 모른다. 혐오스러운, 불편한 캐릭터들이 필요할지도 모른다. 우리의 심연을 두려움 없이 드러내는 캐릭터들이 필요할지도 모른다. 윤리적인 캐릭터가 윤리적인 문학과 영화를 만드는 것은 아니다. 중요한 건 그것이 얼마나 우리를 '윤리'에 대해서 다시 생각하게 만드느냐이다. 그런 점에서 보자면 우엘베크는 더없이 윤리적인 작가다.(농담이 아니다!) 당신이 아직도 우엘베크를 읽기 망설이고 있다면《세로토닌》의 대사를 하나 인용하고 싶다. "직업인의 삶은 '아무런 쾌락도 선사하지 않는 창녀'처럼 생각됐다. 윗세대부터 우리 세대까지 파괴된 것을 재건하는 데 철저히 무능했으므로 인류 문명에 대한 희망도 없다." 당신이 이 문장을 참아낼 수 있다면 미셸 우엘베크의 세계로 뛰어들 준비가 된 것이다. 아직 준비가 되지 않았다면 한 온라인서점의 독자평을 들려드리고 싶다. "더럽다. 허나 타인을 조금 이해할 것만 같다." 나는 이보다 더 우엘베크를 읽는 즐거움을 제대로 묘사한 문장을 본 적이 없다.

"명확한 성범죄자들의 예술,
불편하지만 필요한 질문은
어쩔 도리 없이 계속된다"

©untitle

Terry Richardson

테리 리처드슨

누구도 입에 올리기 쉽지 않은
패션계의 볼드모트

나는 지금 패션계의 볼드모트에 관해서 이야기를 할 생각이다. 볼드모트는 《해리 포터》Harry Potter 시리즈 악당의 이름이다. 그는 너무나도 두려운 존재이기 때문에 누구도 그의 이름을 입에 올리지 않는다. 대신 '이름을 말해서는 안 되는 그 사람'He who must not be named이라고 부른다. 《해리 포터》가 인기를 얻은 이후부터 인터넷에서는 이름을 언급하기가 좀 곤란한 사람들을 볼드모트라고 부르는 유행이 생겨났다. 몇몇 커뮤니티에서는 정치적이거나 법적인 이유로 이름을 거론할 수 없는 사람들을 볼드모트라고 부르기도 한다. 세상에는 정말이지 많은 볼드모트가 존재한다. 지금 패션계의 볼드모트는 사진작가 테리 리처드슨이다.

리처드슨이 왜 볼드모트가 되었는지를 이야기하기 전에 그가 어떤 작가였는지를 먼저 이야기하고 넘어갈 필요가 있을 것이다. 1965년생인 그는 전문 교육을 받은 사진작가가 아니다. 그는 1982년 어머니한테 버튼만 누르면 되는 똑딱이 카메라를 받고 사진을 찍기 시작했다. 1992년 뉴욕으로 건너간 리처드슨은 가까운 친구들의 삶을 카메라에 담기 시작했다. 그는 시력이 나쁘기 때문에 포커스를 조절할 수 있는 카메라를 쓸 수가 없었다. 그래서 버튼만 누르면 모든 것을 알아서 해주는 똑딱이 카메라만을 사용했다. 실내나 야간 촬영을 할 때는 카메라에 달려 있는 플래시를 팡팡 터뜨리며 찍었다. 누가 봐도 전문적인 작가가 찍은 사진이라고 할 수 없었다.

사랑받는 사진가에서 볼드모트로

————————————————/————————————————

패션계는 언제나 새로운 무언가를 찾아 헤매는 경향이 있다. 완벽하게 세팅된 화보들은 점점 지겨워졌다. 1994년 가장 젊은 잡지 중 하나였던 〈바이브〉는 언더그라운드에서 유명해지던 리처드슨에게 패션 화보 촬영을 맡겼다. 플래시를 마구 터뜨리며 찍은 사진들은 정말이지 제멋대로였지만 바로 그 때문에 신선한 것으로 받아들여졌다. 특히 그에게는 섹슈얼한 이미지를 만드는 데 천부적인 재능 같은 것이 있었다. 1995년 영국 디자이너 캐서린 햄넷Katharine Hamnett은 그에게 컬렉션 화보를 맡겼다. 짧은 치마를 입은 여성들이 음모를 그대로 드러낸 이미지로 가득했다. 1990년대는 말하자면 성적 해방 혹은 방종의 시대였다. 패션계는 섹스를 마케팅 무기로 생각하기 시작했다. 리처드슨의 사진은 패션계의 새로운 요구에 더할 나위 없이 어울렸다.

곧 테리 리처드슨은 패션계가 가장 사랑하는 포토그래퍼가 됐다. 당대를 대표하는 거의 모든 디자이너들의 광고를 찍었다. 〈보그〉, 〈지큐〉, 〈배니티 페어〉 같은 패션 잡지들은 끊임없이 구애를 보냈다. 가장 유명한 것은 여성의 음부에 향수병을 떡하니 얹은 톰 포드의 향수 광고들이다. 어떤 면에서 그의 사진들은 예술적 포르노라고 부를 법했다. 만약 당신이 패션 잡지를 오랫동안 즐겨 본 사람이라면 2000년대의 어느 순간 플래시를 터뜨리며 아마추어처럼 찍은 섹슈얼한 화보들이 갑자기 등장하기 시작했던 것을 기억할 것이다. 그 유행은 오로지 리처드슨이 탄생시킨 것이라고 말해도 과언이 아니다.

명성이 추락하기 시작한 건 2014년부터다. 다수의 모델들이 과거 리처드슨과의 작업에서 성희롱을 당했다고 고백하기 시작했다. 하나의 폭로는 또 다른 폭로로 이어졌다. 그들은 리처드슨이 명성과 권력을 이용해 신인 모델들에게 성적인 행동을 요구했다고 증언했다. 리처드슨의 작업 방식은 사실 오랫동안 논쟁거리였다. 그는 인터뷰에서 "보자마자 섹스하고 싶어지는 사진을 찍는 게 목표"라고 말했다. 심지어 자신도 옷을 모조리 벗은 채 나체의 모델들을 찍기로 유명했다. 그 방식은 2000년대까지는 힙하고 쿨하고 핫한 것으로 받아들여졌다. 시대는 바뀌었다. 폭로가 이어지자 〈보그〉, 〈지큐〉 등의 잡지를 거느린 출판사 콩데 나스트는 2017년 "테리 리처드슨과 작업하지 않겠다"고 사내 메일을 통해 밝혔다. 많은 패션 브랜드들도 그를 더는 고용하지 않겠다고 발표했다. 2018년 이후로 리처드슨은 아무런 작업물도 내놓지 못하고 있다.

나는 외국 출장을 갈 때마다 구입한 리처드슨의 사진집을 몇 권 가지고 있다. 펴는 순간 날것 그대로 찍어낸 섹슈얼한 이미지들이 망막을 마구 폭격한다. 한때 그 이미지들은 감히 다른 사진작가들이 시도하지 못하던 터부를 과감하게 파괴한 혁신으로 보였다. 리처드슨이 패션계에서 퇴출당한 이후로 그의 사진집을 예전과 같은 마음으로 감상하는 일은 더는 가능하지 않다. 이미지들이 만들어지는 과정에서 벌어진 성적 착취와 위력의 행사를 떼어놓고 생각할 수가 없는 탓이다. 나는 한때 그의 사진집을 모조리 버려야 하는가 고민했다. 그러나 사진집들을 불태운다고 해서 그의 사진들이 세상에서 사라지는 것은 아니다. 리처드슨이라는 이름을 패션의 역사에서 깔끔하고 아름답고 완벽하게 지우는 일 역시 가능한 일은 아닐 것이다. 그의 사진은 패션 사진의 조류를 바꾸었다. 똑딱이 카메라를 든 수많은 젊은 작가들은 그의 사진을 흉내 내며 성장했다. 패션 사진계의 주류가 된 그들은 분명히 리처드슨에게 큰 빚을 지고 있다. 지금은 누구도 "테리 리처드슨 스타일로 찍어주세요"라는 문장을 입 밖으로 꺼내어 말하지 않는다. 그는 모두가 영향을 받았지만 누구도 이름을 말하지 않는 볼드모트다.

성범죄자가 만든 역사 어떻게 할까

나는 리처드슨의 이름 앞에서 몇몇 예술가들을 자동적으로 떠올린다. 파블로 피카소Pablo Picass는 "예술과 성적인 욕망은 같은 것"이라고 말하며 수많은 '뮤즈'를 이용해 역사적인 걸작을 그려냈다. 많은 여성들이 그와의 관계 속에서 예술적으로 착취당하고 육체적·정신적으로 학대를 당했다. 폴 고갱Paul Gauguin은 폴리네시아의 여성들을 성적으로 착취한 것으로 악명이 높다. 그렇다면 우리는 그들의 이름을 예술의 역사에서 아예 지워버려야 하는 것일까?

나는 이 질문 앞에서 윤리적인 내적 지진을 여전히

겪고 있다는 사실을 고백해야겠다. 나는 영화감독 로만 폴란스키Roman Polanski가 미성년자 성폭행범이라고 확신하지만 얼마 전 넷플릭스에 있는 그의 영화 〈악마의 씨〉 Rosemary's Baby, 1968를 다시 보며 형언할 수 없을 정도의 예술적 감흥을 느꼈다는 사실을 도무지 부인할 수가 없다. 그렇다면 우리는 지금의 기준으로는 명확한 성범죄자들로 가득한 패션과 사진과 미술과 영화의 역사를 어떤 방식으로 다시 받아들여야 할 것인가. 어떻게 다시 써야 할 것인가. 어떻게 다음 세대에게 가르쳐야 할 것인가. 그러니 불편하지만 필요한 질문은 어쩔 도리 없이 계속된다. 볼드모트의 이름을 말할 것인가, 말하지 않을 것인가.

"자본주의라는 한계 안에서
발견한 인간의 얼굴"

Ben Cohen & Jerry Green

벤 코언과 제리 그린필드

세상을 바꾸기 위해
아이스크림을 이용하다

나는 아이스크림을 좋아한다. 그냥 좋아하는 정도가 아니다. 날마다 편의점 냉장고에서 '2+1'으로 판매하거나 새로 나온 제품이 있나 확인해야 직성이 풀릴 정도로 좋아한다. 콜레스테롤 수치가 높아서 고지혈증 약을 먹고 있는 주제에 무슨 날마다 아이스크림이냐고 묻는다면 차라리 쌀밥을 끊겠다고 말할 것이다. 세상에는 죽어도 포기할 수 없는 음식이라는 게 있는 법이다.

누군가에게 그건 새벽 2시쯤 냉장고를 열면 남아 있는 피자 한 조각일 것이다. 누군가에게는 엄마 집 김치로 끓인 김치찌개일 것이다. 가만 생각해보니 엄마 집 김치찌개라는 건 이제 존재하지 않는다. 당신의 엄마는 더는 김장을 할 이유가 없다. 김치를 당신에게 보낼 의무도 없다. '종갓집 김치'로 끓여도 김치찌개는 충분히 맛있다.

아이스크림 삼국시대 연 '벤앤제리스'

그나저나 왜 하필 아이스크림인가. 어쩌면 그건 우리 대부분의 트라우마가 그렇듯이, 유년기의 기억에서 시작된 집착일지도 모르겠다. 아버지는 종종 빙그레에서 나온 '투게더' 아이스크림을 사 오셨다. 투게더가 한국 최초 원유 아이스크림이라는 홍보 문구와 함께 탄생한 게 1974년이다. 1980년대 아이들에게 투게더는 모든 아이스크림의 기본이자 절정이었다. 숟가락을 들고 황금색 종이 뚜껑을 열면서 나는 항상 노래를 불렀다. "엄마 아빠도 함께 투게더." 아이스크림 광고에도 행복한 4인 가족이 등장하던 시절이었다. 한국의 모든 것은 4인 가족이 기본이었다. 아빠, 엄마, 아들, 딸이 등장해 행복한 표정으로 함께 숟가락을 드는 아이스크림 광고는 더는 나오지 않는다. 이제 그런 일은 여간해서 잘 벌어지지 않기 때문이다.

아이스크림을 좋아하는 요즘 사람들이 편의점에 가서 신상을 확인하는 브랜드는 오랫동안 단 두 가지였다. 롯데의 '나뚜루'와 많은 사람이 덴마크 브랜드로 착각하고 있는 미국 브랜드 '하겐다즈'다. 두 브랜드는 한국 아이스크림 시장을 양분하고 있다. 아이스크림 전문가(?)로서 말하자면 두 브랜드의 특징은 확실히 다르다. 둘 다 양질의 유지방이 듬뿍 들어간 진한 맛에 있어서는 우위를 가리기가 힘들다. 대신 하겐다즈는 종류가 많고 나뚜루는 기본 맛에 충실하다. 하겐다즈는 종종 시즌 한정판을 출시하곤 하는데 꽤 실험적인 제품이 많다. 나뚜루는 녹차 아니면 과일이 들어간 '소르베' 제품을 선택하는 게 좋다. 이쯤에서 '이 글은 어떠한 아이스크림 브랜드로부터도 돈을 받지 않았다'는 사실을 먼저 밝히고 넘어가야 할 것이다.

하겐다즈와 나뚜루가 양분하던 고급 아이스크림 시장을 살짝 흔들고 있는 브랜드가 있다. 미국의 '벤앤제리스'다. 흔든다는 말을 하기에는 영향력이 조금 미미하긴 하다만, 어쨌든 두 브랜드와 함께 편의점 아이스크림 매대를 장식하기 시작했으니 일종의 아이스크림 삼국시대가 시작됐다고 말해도 과언은 아닐 것이다. 벤앤제리스의 특징은 '근본 없는 미제 맛'이다. 바닐라 맛을 제외하면 한 가지 맛으로 구성된 제품이 없다. 이를테면 벤앤제리스의 가장 인기 있는 상품 두 가지는 '체리 가르시아'와 '하프 베이크드'다. 전자는 체리 아이스크림에 초콜릿이 듬뿍 박혀 있다. 후자는 초콜릿·바닐라 아이스크림에 반쯤 익힌 쿠키 반죽 덩어리가 마구 섞여 있다. 화려하다. 맛도 화려하다. 한 숟가락을 떠먹는 순간 뇌로 가는 핏줄이 모조리 쿠키 반죽으로 막히는 기분이 든다. 위험한 맛이다.

벤앤제리스는 1978년 뉴욕주 롱아일랜드 출신의 친구인 벤 코언과 제리 그린필드가 세운 회사다. 그들은 겨우 자본금 1만 2천 달러로 버몬트주 벌링턴에서 둘의 이름을 딴 '벤앤제리스'를 창업했다. 둘은 아이스크림 전문가도 아니었다. 제리 그린필드는 1977년 펜실베이니아 주립대학의 통신교육으로 아이스크림 제조법을 배웠고, 그로부터 겨우 1년 만에 회사를 만들었다. 당시 미국 아이스크림 시장은 필즈버리사의 하겐다즈가 거의 독점하고 있었다. 벤앤제리스가 미국 북동부를 중심으로 인기를 모으자 필즈버리는 지역 유통업체들에 하겐다즈와 벤앤제리스 중 하나만 팔 것을 강요했다. 벤앤제리스는 자사 제품에 "도보이는 뭐가 두려운 걸까?"라는 스티커를 붙여서 팔기 시작했다. '도보이'는 필즈버리의 마스코트였다. 여론이 악화하자 필즈버리는 유통시장 장악을 포기했다. 작은 회사를 살린 것은 재치 있는 마케팅과 그에 감응한 윤리적 소비자 운동이었다.

"기업의 공동선" 말한 창업자들

사실 당신이 벤앤제리스라는 이름을 처음 본 것도 편의점 냉장고가 아니라 국제 뉴스 섹션에서였을 것이다. 창업자인 유대인 벤 코언과 제리 그린필드는 2021년 9월 성명을 내고 "이스라엘 팔레스타인 점령지에서는 아이스크림을 팔지 않겠다"고 선언했다. 유대인 정착촌을 확장하며 팔레스타인 사람들을 내쫓는 이스라엘 정부에 던지는 정치적 메시지였다. 이스라엘 총리는 벤앤제리스를 '안티이스라엘 아이스크림'이라고 공격했지만, 벤 코언과 제리 그린필드는 개의치 않았다. 그들은 "기업은 공동선을 위해 영향력을 사용할 책임이 있다"고 반박했다. 영화 〈스파이더맨〉 시리즈의 유명한 대사인 "큰 힘에는 큰 책임감이 따른다"를 떠올리게 만드는 선언이었다.

두 사람이 정치적 메시지를 내놓은 건 이게 처음도 아니었다. 그들은 사업을 시작한 지 얼마 되지도 않았던 1980년대 초 레이건 정부의 핵 개발에 반대하며 '피스 팝'이라는 아이스크림을 출시했다. 그러고는 아이스크림 판매액의 1%를 평화를 위한 기금으로 기부했다. 그걸 시작으로 벤 코언과 제리 그린필드는 '브랜드 행동주의'의 교과서가 될 일들을 벌이기 시작했다. 그 모든 행동은 아이스크림 이름에 그대로 새겨졌다.

벤앤제리스의 가장 인기 있는 상품 '체리 가르시아'는 히피들의 영웅이었던 록밴드 '그레이트풀 데드'Grateful Dead의 리더인 제리 가르시아Jerry Garcia의 이름에서 왔다. 1980년대 초 레이건 정권은 마리화나 흡연을 중범죄화하는 작업을 진행 중이었다. 벤앤제리스는 이에 항의하며 가장 유명한 마리화나 애용자인 제리 가르시아의 이름을 딴 아이스크림을 출시한 것이다. '흑인의 생명도 중요하다'Black

Lives Matter 운동이 시작되자 벤앤제리스는 '임파워먼트 민트'를 출시했다. 출시되지는 않았지만 2016년에는 버니 샌더스Bernie Sanders를 지지하기 위해 '버니의 열망'Bernie's Yearning이라는 민트 아이스크림을 개발했다고 발표하기도 했다. 민트 맛은 오로지 치약에서 나야 한다고 믿는 나로서는 꿈도 꾸지 못할 맛이긴 하지만 꽤 독창적인 아이스크림 정치 운동인 건 사실이다.

그런데 내가 벤앤제리스를 단순히 재미있는 정치적 운동을 벌이는 브랜드라 좋아하는 것은 아니다. 벤 코언과 제리 그린필드는 회사를 창업하며 한 가지 경영 원칙을 세웠다. '보살피는 자본주의'Caring Capitalism였다. 만약 이 글을 읽는 당신이 여전히 고집스러운 사회주의자라면 '보살피는 자본주의? 자본주의가 뭘 보살핀다고?'라며 약간의 짜증을 내고 계실지도 모르겠다. 보살피지 않는 자본주의와 보살피는 자본주의가 있다면 우리는 어쨌든 후자를 선택할 수밖에 없다. 자본주의라는 한계 안에서 어떻게든 우리는 인간의 얼굴을 발견하려고 노력해왔다. 벤앤제리스는 아마도, 그나마, 가장 인간의 얼굴을 한 아이스크림 회사일 것이다.

그들의 행동주의는 정치적 문구에만 머무르지 않는다. 그들은 창업할 때부터 성장호르몬을 맞은 젖소의 우유는 절대 사용하지 않았다. 모든 우유는 지역 경제를 위해 본사가 있는 버몬트주에서 생산된 것만 사용했다. 세전 이익의 7.5%는 성소수자 인권, 인종차별, 성차별, 환경오염 등을 다루는 다양한 자선 재단에 기부했다. 놀라운 것은 이 같은 강고한 원칙이 벤앤제리스가 지난 2000년 다국적기업 유니레버에 매각된 이후에도 계속 지켜지고 있다는 사실이다. 벤 코언과 제리 그린필드는 매각 가격을 낮추면서까지도 "창업 정신을 지킨다"는 계약 조건을 끝내 고집했다. 그리고 그 고집은 다국적기업의 한 브랜드가 된 지금도 여전히 유효하다. 벤앤제리스 누리집에는 "우리는 세상을 바꾸기 위해 아이스크림을 이용합니다"라는 문구가 있는데, 맞다. 꽤 미국식으로 뻔뻔한 소리다. 하지만 우리가 사는 기업들의 세상에는 이런 뻔뻔한 소리도 여전히 드물다.

'용산 민초', '586 인절미' 맛 안 될까?

이 글을 읽는 당신은 당장 편의점으로 달려가 벤앤제리스 아이스크림을 시도해보려 할 것이다. 일단 '체리 가르시아'를 선택하면 실패는 없다. 미국에서 마리화나가 합법화되기 30년도 전에 합법화를 기원하며 생산한 아이스크림이니 아마도 마리화나를 피우고 먹으면 더 맛있을 것이다. 물론 이건 그냥 가정일 뿐이니 세상의 모든 국가가 빠르게 합법화하고 있는 특정 불법 식물 섭취 행위를 선동한다고 항의하진 말아 주시길 부탁드린다. 사실 이글을 쓰고 있는 가장 큰 이유 중 하나는 한국에서도 벤앤제리스의 인기가 좀 더 올라가서 다양한 제품이 판매되길 바라는 아주 개인적 욕심 때문이다. 한국 시장에 맞춰서 정치적 메시지를 담은 신제품들을 내주면 아주 좋겠다. 민트의 맛을 먹을 수 없을 정도로 강력하게 끌어올린 '용산 민초'나 내용물이 이빨에 쩍쩍 붙어서 도무지 떨어지지 않는 '586 인절미' 정도라면 썩 괜찮을 것이다.

"논쟁이 사라지는 순간,
예술에 종말이 찾아온다"

©Jamie Hawkesworth

Lana Del Rey

라나 델 레이

힙스터 비평가들이 사랑하는
'문제적' 가수

내가 요즘 가장 좋아하는 여성 가수를 거론할 땐 몇 가지 오해를 먼저 이야기해야 한다. 첫 번째 오해. 그는 노래를 못하는 가수다. 글쎄? 그가 노래를 기깔나게 잘하는 디바인 건 아니다. 하지만 그의 주 장르는 아주 소프트한 블루스나 포크 록에 가까운 팝이다. 성량이 부족하지만 장르에는 더없이 어울린다. 모두가 휘트니 휴스턴이 되어야 할 이유는 없다. 두 번째 오해. 어떤 사람들은 그가 반여성주의적 여성 가수라고 말한다. 이건 이 글의 뒷부분에서 좀 더 자세하게 설명을 해야 한다. 세 번째 오해. 그는 힙스터들이나 좋아하는 가수다. 아, 여기서 나는 내가 늙은 힙스터라는 사실을 고백하고 있는 걸지도 모르겠다. 여하튼 그의 이름은 라나 델 레이다.

재앙에 가까웠던 첫 앨범 무대

라나 델 레이에 대해서 익숙하게 이야기하는 건 쉬운 일은 아니다. 나의 협소한 지인 관계망으로만 따지자면 라나 델 레이는 모두가 익숙하게 잘 아는 이름이다. 팝스타다. 나의 관계망을 넘어서는 세계에서 그는 여전히 대중적으로 덜 알려진 가수다. 한국인이 맹신하는 빌보드 차트에 따르면 라나 델 레이의 노래 중 싱글 차트 10위 안에 진출한 건 2011년 발매된 '서머타임 새드니스'Summertime Sadness밖에 없다. 100위권 안에 진출한 싱글은 10곡이 안 된다. 차트 성적으로 따지자면 라나 델 레이는 테일러 스위프트Taylor Swift나 빌리 아일리시Billie Eilish 같은 동 세대 록가수에 도저히 다가설 수 없다. 하지만 그는 싱글보다는 앨범을 많이 파는 드문 아티스트다. 지난 10년간 독특한 자신만의 영역을 만들어내는 데도 성공했다. 심지어 내가 보기에 그 과정은 일종의 투쟁이나 마찬가지였다.

내가 처음 들은 라나 델 레이의 노래는 모두가 그렇겠지만 2011년에 발매된 싱글 '비디오 게임스'Video Games였다. 60년대 유행하던 팝송에 약간 세련된 샘플링을 얹고 21세기적인 가사를 덧붙이면 이런 노래가 나오겠지 싶었다. 2010년대의 누구도 하지 않는 음악이었다. 빌보드 차트 성적은 91위밖에 안 됐지만 비평적인 찬사가 쏟아졌다. 사람들은 라나 델 레이를 '갱스터 낸시 시나트라'라고 불렀다. 아버지 프랭크 시나트라Frank Sinatra의 그늘을 벗어나 60년대 자신만의 족적을 남긴 낸시 시나트라Nancy Sinatra는 당대보다도 요즘 음악 비평가들이 더 높이 평가하는 가수다. 그의 이름에 '갱스터'라는 건방지게 힙한 단어를 붙였다는 건 힙스터 비평가들이 라나 델 레이와 순식간에 사랑에 빠졌다는 소리다.

사랑은 얼마 가지 않았다. 첫 앨범 〈본 투 다이〉Born To Die가 발매될 즈음 비평가들이 돌아서기 시작했다. 지나치게 빨리 사랑에 빠졌다 지나치게 빨리 이별을 고하는 모양새였다. 문제는 일종의 상업적 배신감이었다. 비평가와 일부 팬들은 라나 델 레이가 대단히 '인디적인 것'을 보여 줬지만 알고 보니 거대 기획사 인터스코프 레코드와 부유한 아버지의 지원을 받은 '메이저 상품'에 지나지 않았다고 분노를 토했다. 라나 델 레이가 리지 그랜트라는 이름으로 이미 앨범을 낸 적이 있다는 사실도 비판의 대상이 됐다. 본명으로 안 팔리니까 근사한 예명으로 다시 상품처럼 기획한 게 아니냐고들 했다. 힙스터들이 가장 경배하는 음악 비평 사이트 '피치포크'는 최초의 열렬한 지지를 거두고 앨범 〈본 투 다이〉에 평점 5.5를 줬다.

거기에 SNL 무대 논란이 터졌다. 라나 델 레이는 앨범을 홍보하기 위해 미국에서 가장 거대한 쇼 중 하나인 SNL에 출연해 데뷔 앨범의 두 곡을 불렀다. 나는 가수의 가창력에 관대한 편이다. 가수가 되려면 노래를 잘하면 되지만 그걸 넘어서는 스타가 되려면 독창적인 톤이 있어야 한다고 믿는다. 라나 델 레이에게는 자신만의 톤이 있다. 그렇게 믿는 나로서도 SNL 공연은 재앙이었다. 유튜브 영상에는 그를 비웃는 댓글들이 폭발하기 시작했다. 시작하는 가수에게 이건 정말이지 치명적인 실패였다. 이후 라나 델 레이가 단독 콘서트를 멋지게 소화할 정도까지 진화했다는 변명은 내가 대신 남겨야 할 것 같다. 그렇다고 해서 이 글을 읽는 당신이 그 SNL 재앙을 유튜브로 찾아보는 것까지 말리지는 않겠다. 모든 인간에게는 새벽 3시에 이불을 걷어차고 싶은 순간들이 하나씩은 다 있게 마련이다.

힙스터 비평가들이 사랑한 가수

라나 델 레이는 딱히 좌절하지는 않았다. 그냥 하고 싶은 걸 했다. "우리는 죽으려고 태어났다"고 우울하게 노래하던 첫 앨범처럼 계속해서 인생의 가장 어두운 상처를 표현주의 영화처럼 노래하는 멜랑콜리한 앨범을 계속 만들었다. 심지어 앨범의 질은 계속 나아졌다. 라나 델 레이가 2019년에 내놓은 〈노먼 퍼킹 록웰!〉Norman Fucking Rockwell!은 걸작이었다. 대중적인 재미와 사운드의 실험, 무엇보다도 음악적 아름다움에 있어서 이 앨범은 2000년대 이후 최고의 록음반 중 하나다. 라나 델 레이의 첫 두 앨범을 박하게 평가하며 거의 뮤지션으로 인정도 하지 않는 듯

하던 (아까 언급한) 음악 비평 사이트 '피치포크'는 이 앨범에 무려 9.4점의 평점을 줬다. 2010년대 피치포크에서 가장 높은 점수를 받은 여성 솔로 가수의 음반이 된 것이다. 2020년 62회 그래미 시상식에서도 올해의 앨범과 올해의 노래 후보에 올랐다. 처음 등장했을 때는 모두가 음악적 사기꾼이라고 매도하던 가수가 10여 년 만에 완벽하게 아티스트로서 평가받게 된 것이다. 그래서 이 글의 결론이 '처음에는 남들이 욕해도 하던 거 꾸준히 열심히 잘하면 결국 인정받는다'냐고? 그럴 리가. 인생이 그렇게 쉬울 리가 없다.

라나 델 레이의 경력에서 가장 커다란 함정은 〈노먼 퍼킹 록웰!〉 앨범이 큰 성공을 거두는 도중에 찾아왔다. 라나 델 레이의 초창기 앨범들을 관통하는 주제는 죽음과 사랑과 폭력이었다. 그는 폭력적인 관계 속에서 상처받으면서도 어쩔 도리 없이 사랑에 매달리는 나약함을 곧잘 노래했다. 라나 델 레이 노래의 특징 중 하나는 고전적이고 서정적인 멜로디에 거친 '거리의 언어'를 입히는 것이다. 그런 대비 효과가 그의 노래에 모던한 개성을 더해준다. 그런데 지난 몇 년간 라나 델 레이의 지난 앨범 가사들이 가정폭력을 미화한다는 비판이 쏟아지기 시작했다. 가사를 뚝 떼어내고 보면 확실히 그랬다. 2012년 발매된 '오프 투 더 레이시스'Off to the Races에서 그는 "내 나이 든 남자는 나쁜 남자예요"라고 노래한다. 화자는 분명히 나쁜 남자에게 일종의 감정적 학대를 당하고 있다. 그러나 그는 결국 "나를 소유하고 있다고 말해줘요"라고 노래한다.

가장 문제가 된 건 제목부터 인상적인 3집 타이틀곡 '울트라바이올런스'Ultraviolence였다. 가사 일부를 발췌하면 다음과 같다. "그가 나를 때리자 키스처럼 느껴졌어요. 그가 나를 상처 주자 진정한 사랑처럼 느껴졌어요." 물론이다. 문제적인 가사다. 하지만 음악가가 쓰는 가사는 문학이거나 일종의 영화 시나리오 같은 것이다. 앨범과 노래의 제목부터 '울트라바이올런스'다. 라나 델 레이는 이 앨범에서 자신이기도 하고 자신이 아니기도 한 가상의 화자를 창조한다. 그리고 자신이 실제로 살면서 겪었던 폭력적인 관계의 기억과 가상의 이야기를 뒤섞어 가사로 짓는다. 그것은 작가가 소설을 쓰는 행위, 감독이 영화를 만드는 행위와 같은 것이다. 예술가가 창조한 캐릭터가 폭력적이라고 예술가의 메시지도 폭력적인 것은 아니다. 우리는 인간의 가장 나약하고 추악하고 폭력적인 욕망을 노골적으로 보여주는 문학과 영화를 보면서 역으로 인간 존재의 가치를 발견하곤 한다. 왜 그 논리가 노래의 가사에는 좀처럼 적용되지 못하는 걸까.

논쟁은 계속되어야 한다

라나 델 레이는 2020년에 인스타그램에 긴 글을 남겼다. "저는 제 과거의 힘들었던 관계들에 대해 언제나 솔직하게 노래했습니다. 많은 여성이 그런 관계들을 겪었듯이요. 저의 수동적이거나 복종적이었던 과거 관계들을 탐험하는 몇몇 가사들이 여성 인권을 수백 년 후퇴시켰다는 비난은 지나칩니다. 저는 전 세계의 수많은 사람이 겪고 있는 매우 일반적이고 폭력적인 삶의 현실들에 대해서 가사를 썼을 뿐입니다." 물론 당신은 여기에 동의할 수도 있고 그렇지 않을 수도 있다. 이런 논쟁은 결국 예술이 도달해야 하는 지점이 무엇인가에 대한 생각의 차이가 존재하는 한 계속될 것이다. 계속되어야 한다. 어쩌면 그런 논쟁이 완전히 사라지는 순간이 바로 예술의 종말일지도 모를 일이다.

　마지막으로 언급하자면, 라나 델 레이는 가사를 둘러싼 논쟁이 시작될 시점에 이미 과거의 어둡고 뒤틀린 기운을 덜어낸 자신의 가장 위대한 앨범들을 내놓고 있었다. 사운드는 거의 포크에 가까워지고 가사는 (여전히 거친 속어를 대담하게 쓰긴 하지만) 소녀들의 우정과 삶의 희망에 대한 시적 여운으로 가득하다. 나는 이 글을 읽는 당신이 라나 델 레이를 이미 미워하기 전에 〈노먼 퍼킹 록웰!〉 앨범을 꼭 발견하기를 빈다. 그것만으로도 이 글은 할 일을 다 한 것이다.

"최소한의 디자인은 '기본'이다.
기본은 영원히 살아남는다"

©Abi

Dieter Rams

디터 람스

미니멀리즘 제품 디자인의 시작

결국 디터 람스다. 이 무슨 산업 디자인 용품 같은 이름은 독일 산업 디자이너 이름이다. 이미 디터 람스라는 이름을 알고 글을 읽기 시작한, 디자인 역사 좀 안다고 자부하는 독자라면 '디터 람스'라는 이름 앞에 무슨 이런 쓸데없는 설명이 많느냐며 불평하고 있을 것이다. 디터 람스는 산업 디자인의 역사에서는 이미 독보적인 인물이다. '낯선 사람'에 어울리는 인물이 아닐지도 모른다는 이야기다. 하지만 한 명 한 명 소개를 하면서 깨달은 게 있다. 모두가 잘 안다고 생각하는 인물도 의외로 사람들은 잘 모른다는 것이다. 진짜다.

디터 람스를 모르는 독자에게 그를 한마디로 다시 설명해보겠다. 그는 '산업 디자인의 스티브 잡스'다. 아이고 지겨워라, 언제까지 '무슨 무슨 분야의 스티브 잡스'라는 말을 쓸 것인가. 하지만 스티브 잡스와 디터 람스는 의외로 긴밀하게 연결되어 있는 인물이다. 애플이 처음으로 생산한 아이팟iPod이 증거다. 애플이 2001년 아이팟을 공개하자 세상이 뒤집어졌다. 하드디스크형 MP3의 시대였다. 스마트폰도 없었고 스트리밍 서비스도 없던 시절이다.

애플 디자인에 영감을 주다

사람들을 놀라게 한 건 디자인이었다. 손가락으로 돌리는 '클릭휠'은 한 번도 본 적 없는 디자인이었다. 편했다. 간결했다. 아름다웠다. 나는 2003년에 아이팟 3세대를 샀다. 버튼에는 빨간 백라이트가 들어오고 화면에는 파란색 백라이트가 들어왔다. 나는 휠을 돌리면서 '이보다 아름다운 전자제품을 만드는 건 힘든 일일 것'이라고 확신했다. 아름다운 건 모두가 탐한다. 나의 3세대 아이팟은 2004년 4세대 아이팟이 출시된 지 몇 달 되지 않아 도둑 맞았다. 회사 책상 위에 올려뒀는데 사라져버렸다. 지금이라도 훔쳐 간 사람에게 공개적으로 말하고 싶다. 3세대 아이팟은 디자인 역사상 최고의 걸작 중 하나입니다. 최신형 아이폰을 사드릴 테니 제발 돌려주시길 부탁드립니다.

아이팟을 디자인한 사람은 또 다른 '낯선 사람'으로 소개할 만한 산업 디자이너 조너선 아이브Jony Ive다. 오히려 여러분은 디터 람스보다 조너선 아이브라는 이름에 더 익숙할 것이다. 그는 1992년 애플에 입사해 스티브 잡스와 함께 애플의 전성기를 열어젖힌 사람이다. 대개의 산업 디자인 프로세스는 다음과 같다. 엔지니어가 기기를 설계하면 디자이너가 그걸 기반으로 제품을 디자인한다. 잡스와 아이브는 그걸 뒤집었다. 디자이너가 제품 디자인 설계에 깊이 관여하도록 만들었다. 아이팟과 아이폰의 역사가 그렇게 시작된 것이다. 요즘 애플 디자인이 영 예전만 못하다고? 그게 다 스티브 잡스가 죽고 조너선 아이브가 애플을 퇴사한 탓이다. 나는 그렇게 믿는다.

전성기 애플 디자인은 스티브 잡스와 조너선 아이브

외 디터 람스가 깊이 관여하고 있다고 말할 수 있다. 그가 애플로부터 돈을 받고 뭘 디자인한 적은 없다. 하지만 조너선 아이브가 일하던 시기 애플이 내놓은 걸작은 디터 람스가 디자인을 지휘한 독일 회사 '브라운Braun' 제품을 창의적으로 카피한 것이나 다름없다. 이를테면 아이팟은 디터 람스가 디자인한 브라운의 'T3 포켓 라디오'와 거의 똑같이 생겼다.

당연한 일이다. 디터 람스는 '미니멀리즘 디자인'의 교주다. 조너선 아이브와 스티브 잡스 역시 사용자의 경험을 해치지 않는 선에서 가장 미니멀한 제품을 내놓는 것이 목표였다. 산업 디자인이 미니멀리즘을 구현하려면 결국 디터 람스로 돌아가야만 한다.

디터 람스의 '좋은 디자인 십계명'

디터 람스는 1932년 독일 비스바덴에서 태어났다. 유년기에 2차대전을 겪은 건 오히려 행운이었다. 전쟁은 끝났다. 나치도 끝났다. 그러나 독일은 끝나지 않았다. 전후

10년 만에 경제 호황을 맞이한 독일은 1950년대부터 다시 세계가 주목하는 전자제품 생산국이 됐다. 1950년대 이후 '독일제'는 일제, 미제와 함께 세계를 휩쓸었다. 그 중심에는 전기면도기를 쓰는 사람이라면 모를 리가 없는 회사 '브라운'이 있었다.

미술, 공예, 건축을 가르치는 테크니컬 아트 컬리지에서 공부하던 디터 람스는 1955년 브라운의 구인 광고를 보고 입사했다. 원래 건축가를 꿈꾸던 디터 람스는 브라운에서 라디오, 면도기, 턴테이블, 계산기 등 다양한 제품을 디자인하면서 산업 디자이너가 됐다. 그리고 1995년까지 40년에 걸쳐 브라운의 수석 디자이너로 일했다.

그가 1960~70년대에 디자인한 제품들은 당대에도 인기가 있었다. 시대를 뛰어넘은 세련된 디자인 덕분이었다. 만약 당신이 구글에 디터 람스라는 이름을 검색한다면 가장 먼저 나오는 정보는 '디터 람스의 좋은 디자인 십계명'일 것이다. 내친김에 여기서도 인용을 좀 해보자. 1. 좋은 디자인은 혁신적이다. 2. 좋은 디자인은 제품을 유용하게 만든다. 3. 좋은 디자인은 심미적이다. 4. 좋은 디자인은 제품을 잘 이해할 수 있게 한다. 5. 좋은 디자인은 장식적이지 않다. 6. 좋은 디자인은 정직하다. 7. 좋은 디자인은 영속적이다. 8. 좋은 디자인은 마지막 디테일까지 철저하다. 9. 좋은 디자인은 환경친화적이다. 10. 좋은 디자인은 최소한의 디자인이다.

모두가 디터 람스의 원칙을 따를 필요는 없다. 디자인에는 미니멀리즘 말고도 많은 사조가 있다. 모든 디자인 사조는 각각의 가치를 지니고 있다. 물론 후카사와 나오토, 재스퍼 모리슨Jasper Morrison, 조너선 아이브를 좋아하는 미니멀리즘 디자인의 광적인 팬이라면 생각이 다를 수도 있다. 디터 람스를 좋아하는 사람이 지금 세계에서 가장 유명하고 돈도 많이 버는 프랑스의 스타 디자이너 필리프 스타르크Philippe Starck를 좋아할 리는 없다. 필리프 스타르크는 맥시멀리스트다. 모든 제품이 컬러풀하고 화려하고 키치하다. 나는 디터 람스의 제품으로 집을 다 채울 수는 있지만 필리프 스타르크의 제품으로 채울 수는 없다. 그건 시각적으로 정신 나간 1980년대와 1990년대 디자인의 무덤이 될 것이다.

사실 디터 람스는 한동안 잊힌 이름이었다. 1970년대 이후 사람들은 좀 더 개성 있는 제품 디자인을 선호하기 시작했다. 색채도 모양도 다른 회사의 제품과는 달라야 했다. 특별해야 했다. 디터 람스가 디자인한 브라운의 제품들은 지나치게 얌전한 모더니즘 시대의 유물처럼 받아들여졌다. 고전이지만 새롭지는 않았다. 포스트모더니즘을 부르짖는 시대에 디터 람스 디자인은 지나치게 청교도적이기도 했을 것이다. 하지만 많은 디자이너와 많은 사조가 불타오르고 사라진 뒤에도 디터 람스는 살아남았다. 이유는 간단하다. 좋은 디자인은 최소한의 디자인이기 때문이다. 최소한의 디자인은 기본이다. 기본은 영원히 살아남는다.

디터 람스의 부활은 애플이 주도한 것이 맞다. 조너선 아이브의 애플 제품들이 디터 람스의 영향을 크게 받았다는 이야기들이 나오면서 새로운 세대가 디터 람스를 재발견하기 시작했다. 그가 1960~70년대 디자인한 브라운 제품들도 고가에 거래되기 시작했다. 독자 중 많은 분들이 당근마켓이나 중고나라에서 투명 아크릴 상판이 있는 반세기 전 하얀 턴테이블이 수백만 원에 거래되는 걸 본 적이 있을 것이다. '백설공주의 관'이라 불리는 브라운의 턴테이블 SK4는 인류 역사에 길이 남을 걸작이다. 얼마 전

친구가 이 턴테이블을 구입했을 때 나는 부러움에 떨다 디터 람스 이름을 외치며 울었다. 이건 곧 나도 사게 되리라는 말이다. 지금 사진을 검색하는 당신은 나의 경쟁자가 될 것이다. '백설공주의 관'을 보고도 지갑을 열지 않을 도리는 거의 없으니까 말이다.

디터 람스에 대해 더 알고 싶은 분들은 2018년 다큐멘터리 〈디터 람스〉Rams를 보라. 넷플릭스와 왓챠에 올라와 있으니 클릭 한 번만 하면 된다. 뮤지션 브라이언 이노Brian Eno가 음악을 담당한, 아주 람스스러운 람스 영화다. 당연히 직접 출연하는 디터 람스는 오래전 디자인 십계명을 모두 포괄하는 최종 원칙 하나를 더 말한다. 'Less, but better'다. 최소한의 디자인을 하라, 그러나 더 낫게 하라는 이야기다. 최소한의 디자인으로 인간의 삶을 더 낫게 만드는 제품을 만들라는 잠언이다.

모든 것은 기본으로

그렇다면 '나은 것'은 무엇인가. 그건 아마도 이런 게 아닐까. 나에게 한국 산업 디자인의 암흑시대는 2000년 대와 2010년대 초반 즈음으로 기억된다. 도대체 누가 냉장고에 꽃을 그려 넣는 것이 아름답다고 결정한 건지는 모르겠다. 한번 가전 세계로 들어온 꽃다발은 한동안 사라지지 않았다. 백색가전이야말로 기본이라 생각했던 나는 하이마트에서 꽃무늬가 아닌 최신 냉장고를 찾을 수가 없었다. 결국 창고에 처박혀 있던 구형 모델을 겨우 구했다. 다행이다. 안심이다. 그 시대는 끝났다. 이제 누구도 냉장고에 꽃을 그려 넣지 않을 것이라 나는 확신할 수 있다. 바로 이런 것이 '나은 것'이다.

요즘은 몬드리안 스타일로 색채 패널을 넣거나 앱으로 색상을 바꿀 수 있는 냉장고 디자인이 유행이다. 헛되도다. 만약 지금 어떤 냉장고를 살까 망설이는 독자가 있다면 디터 람스의 잠언을 잊지 말라고 말씀드리고 싶다. 결국 모든 것은 기본으로 돌아온다. 물론, 내가 삼성이나 LG 디자인 상무라면 지금 당장 디터 람스와 컬래버레이션을 진행하라고 소리치고 있을 것이다.

"수많은 CG영화 공로의
많은 지분은 이 사람에게
돌아가야 마땅하다"

©hollywoodreporter

Robert Zemeckis

로버트 저메키스

〈아바타〉 신화 이전에
〈폴라 익스프레스〉가 있었다

크리스마스마다 보는 영화가 있다. 물론 당신에게도 그런 영화가 있을 것이다. 미국인들은 크리스마스 시즌이 오면 프랭크 캐프라Frank Capra가 연출하고 제임스 스튜어트James Stewart가 주연한 1946년 작 〈멋진 인생〉It's A Wonderful Life을 본다. 한국인들은? 〈나 홀로 집에〉다. 굳이 온라인동영상서비스OTT로 찾아보지 않아도 수많은 케이블 채널 중 하나는 결국 그 영화를 또 틀고야 말 것이다. 그리고 당신은 채널을 돌리다가 우연히 마주하게 된 그 영화를 다시 보고야 말 것이다. 머라이어 캐리의 '올 아이 원트 포 크리스마스 이즈 유'All I Want For Christmas Is You를 지겨워하면서도 크리스마스가 오면 그 노래를 틀 수밖에 없는 이유와도 비슷하다.

나는 크리스마스가 오면 〈폴라 익스프레스〉The Polar Express를 본다. 크리스 밴 올즈버그Chris Van Allsburg의 동명 동화를 원작으로 한 컴퓨터그래픽CG 애니메이션(혹은 3D 애니메이션)이다. 내용은 간단하다. 크리스마스를 믿지 않는 소년이 산타와 엘프들이 운영하는 북극행 열차를 타고 모험을 떠난다는 이야기다. 그야말로 크리스마스 전날 밤에 보기 완벽한 판타지다. 그런데 이 영화에는 한 가지 문제점이 있다. 기술이다. 〈폴라 익스프레스〉가 나온 것은 2004년이다. 당신은 그 시절 개봉한 할리우드 영화들을 보며 시대의 한계를 느낄 것이다. CG의 발전은 지난 20여 년간 빠르게 이루어졌다. 요즘 할리우드 영화의 CG는 2000년대 초반 영화들과는 비교도 할 수 없을 정도로 자연스럽다. 애니메이션의 영역으로 가면 그런 격차는 더욱 도드라진다.

'불쾌한 골짜기'를 향한 도전

〈폴라 익스프레스〉가 개봉하자마자 불평이 쏟아졌다. '불쾌한 골짜기' 때문이었다. 이것은 일본 로봇 과학자 모리 마사히로森政弘의 이론이다. 그에 따르면 인간을 어정쩡하게 닮은 로봇은 오히려 우리에게 불쾌함을 느끼게 만든다. 이 이론을 과학적으로 설명하는 근거는 아직 부족하지만 가만 생각해보면 어느 정도 사실이다. 개인적으로 나는 인간에 가깝게 만들어놓은 복화술 인형을 볼 때마다 말할 수 없는 불쾌함을 느낀다. 누가 나를 죽이고 싶다면 그 인형을 몰래 침대에 갖다 놓으면 된다. 어쩌면 단순한 공포증에 가까울지도 모르겠다만 인간을 닮지 않은 인형에는 같은 감정을 느끼지 않는다. 그러니 이것 역시 '불쾌한 골짜기'의 증거 중 하나로 채택받을 수 있을 것이다.

초창기 CG 애니메이션의 문제도 이것이었다. 그래서 픽사를 비롯한 이 영역의 선구자들은 인간 캐릭터를 지나치게 인간처럼 만들지 않았다. 일부러 애니메이션답게 만들었다. 불쾌한 골짜기를 피하기 위해서였다. 불쾌한 골짜기에 도전한 선구자 중 한 명이 〈폴라 익스프레스〉의 감독 로버트 저메키스다. 그는 인간 캐릭터를 가장 인간에 가깝게 만들고 싶어 했다. 그래서 '모션 캡처' 기술을 택했다. 인간의 몸에 센서를 부착해 인체의 움직임을 디지털화하는 기술이다. 특히 저메키스는 단순한 인체의 움직임을 떠나 배우의 연기 자체를 디지털화하고 싶어 했다. 그래서 당대 최고의 배우 중 한 명인 톰 행크스Tom Hanks를 캐스팅했다. 톰 행크스는 〈폴라 익스프레스〉에서 무려 다섯 캐릭터를 연기한다. 저메키스는 행크스의 얼굴에까지 센서를 부착해 그의 연기를 애니메이션화했다.

결과는 영 별로였다. 아직 기술이 무르익지 않았던 탓이다. 톰 행크스의 연기를 기반으로 했음에도 〈폴라 익스프레스〉의 인간 캐릭터들은 공허하게 느껴졌다. 눈동자에는 아무런 영혼도 없어 보였다. 미국에서 영화가 개봉하자 "무섭다"며 우는 아이들이 속출했다는 이야기가 쏟아졌다. 나라도 그 나이라면 그랬을 것이다. 당연히 〈폴라 익스프레스〉는 흥행에서도 성과를 거두지 못했다. 하지만 저메키스는 이 기술을 놓을 생각이 없었다. 그는 계속해서 모션 캡처를 활용한 CG 애니메이션을 만들었다. 2007년 작 〈베오울프〉Beowulf에서는 안젤리나 졸리를,

2009년 작 〈크리스마스 캐럴〉Christmas carol에서는 짐 캐리 Jim Carrey를 캐스팅했다. 두 작품 모두 장렬하게 실패했다. 이후 저메키스는 10여 년에 걸친 CG 애니메이션 사랑을 접고 다시 실사영화를 만들기 시작했다.

죽어야 사는 남자?

그렇다면 〈폴라 익스프레스〉는 지나치게 이르게 나온 실패작인가? 그렇지는 않다. 저메키스가 모션 캡처를 활용한 애니매이션을 내놓자 다른 감독들도 이를 주목했다. 제임스 카메론은 2009년 이 기술을 활용한 〈아바타〉를 내놓았고 어마어마한 성공을 거두었다. 2011년도에 큰 흥행을 기록한 〈혹성탈출: 진화의 시작〉도 모션 캡처 기술 없이는 만들어질 수 없었을 것이다. 저메키스는 일종의 발판이었다. 조금 과장해서 말하자면 그가 10년에 걸쳐 제작하고 실패한 애니메이션들 없이는 〈아바타〉도 나올 수 없었을 것이다. 혹은, 조금 더 늦게 나왔을 것이다. 로버트 저메키스는 이 영역의 선구자로서 지금보다 더 충분한 존경을 받을 필요가 있다.

로버트 저메키스는 항상 그런 감독이었다. 그는 영화라는 매체를 진화시키는 '기술'에 꽂힌 예술가였다. 저메키스는 80년대 할리우드의 가장 성공적인 프랜차이즈인 〈백 투 더 퓨처〉Back to the Future 시리즈의 감독으로 출발했다. 이른바 스티븐 스필버그Steven Spielber 사단의 일원이었다. 그런데 그는 80년대 말부터 재미있는 시도를 하기시작한다. 88년에는 2D 애니메이션과 실사를 합성한 놀라운 영화 〈누가 로저 래빗을 모함했나〉Who Censored Roger Rabbit?를 만들었다. 2D 애니메이션과 실사를 합성하는 기술은 이전에도 있었지만 이렇게까지 기술적 수준을 확 끌어올린 영화는 처음이었다. 92년에 그는 메릴 스트립Meryl Streep과 골디 혼Goldie Hawn 주연의 〈죽어야 사는 여자〉Death Becomes Her를 만들었다. 1991년 제임스 카메론이 〈터미네이터 2〉에서 CG로 만든 액체 로봇을 등장시킨 지 1년 뒤였다. 〈죽어야 사는 여자〉에서 저메키스는 배우들의 육체를 마구 변형시키는, 당시로서는 혁명적인 CG를 선보였다.

1994년 로버트 저메키스는 할리우드 감독으로서 오를 수 있는 가장 정상에 올랐다. 그는 〈포레스트 검프〉

Forrest Gump로 오스카 작품상과 감독상을 받았다. 그런데 이 영화 역시 그저 감동적인 휴먼 드라마는 아니었다. 영화 속에서 저메키스는 당대 CG의 모든 가능성을 실험했다. 그는 배우의 멀쩡한 다리를 CG로 지워서 하반신이 절단된 캐릭터로 만들었다. 톰 행크스가 연기하는 캐릭터를 오래전 뉴스 장면에 합성했다. 지금에야 널리 쓰이는 초보적인 CG 기법이지만 당대에는 정말이지 놀라운 기술적 성취였다. 그 이후 로버트 저메키스는 〈폴라 익스프레스〉를 만들며 CG 애니메이션에 10년을 바쳤다.

지금은 누구도 로버트 저메키스라는 이름을 잘 꺼내지 않는다. 스티븐 스필버그, 제임스 카메론을 비롯한 할리우드 상업영화의 대가들이 받는 존경은 좀처럼 저메키스에게 돌아가지 않는다. 그의 후기 영화들이 상업적 성공을 거두지 못한 것도 원인일 것이다. 〈플라이트〉Flight, 2012, 〈하늘을 걷는 남자〉The Walk, 2015와 〈얼라이드〉Allied, 2016 정도가 약간의 주목을 받았고 나머지는 처절하게 실패했다. 나는 알고 보면 CG를 잔뜩 쓴 그 영화들도 기술적인 예술품들이라고 생각한다. 그러나 누구도 더는 "로버트 저메키스 신작이 나왔으니 보러 가자!"고 말하지 않는다.

그는 잊힌 이름이다.

영화사에 새길 이름 '저메키스'

나는 이런 평가가 온당하지 않다고 주장하기 위해 이 글을 쓰고 있다. 이상하게도 우리는 예술적 성취와 기술적 성취를 명확하게 나누어 모든 것을 설명하는 버릇이 있다. 더 명확하게 말하자면 인문적 영역과 기술적 영역을 어떻게든 분리해서 이야기하려 한다. 그리고 대개는 예술적, 인문적 성취에 더욱 찬사를 보내는 편이다. 세상의 절반을 움직이는 것은 기술적 영역일 것이다. 하지만 우리는 세상을 움직이는 것이 인문적 존재들이라고 여긴다. 우리는 그들의 이름만을 기억한다. 여기서 '인문적 존재'의 대다수는 당연히 정치인이라는 직업이 차지하고 있다.

인류 역사는 기술의 변화 없이 설명할 수 없다. 이를테면 반도체는 인류 문명 자체를 변화시켰다. 모두가 반도체를 안다. 반도체의 발명가는 모른다. 반도체의 아버지로 불리는 인물은 미국 물리학자인 윌리엄 브래드퍼드 쇼

클리William Bradford Shockley다. 미국 대통령 이름을 줄줄 외는 독자도 이 이름은 처음 들어봤을 것이다. 싱가포르의 초대 총리 리콴유는 "에어컨이 없었다면 싱가포르도 없었을 것이다"라고 말한 적이 있다. 열대기후 사람들을 온대기후 사람들처럼 뜨거운 태양 아래서도 과로할 수 있게 만든 자본주의적 공로를 인정한 것이다. 당신은 리콴유라는 이름을 안다. 하지만 앞서 에드워드 로 편에서도 이야기했던 윌리스 캐리어가 에어컨 발명가라는 것은 모른다.

로버트 저메키스는 따지자면 기술적 예술가다. 그는 새로운 기술에 도전하기 위해 영화를 만드는 게 틀림없다. 종종 그런 방식은 예술적인 허점으로 작용하곤 한다. 하지만 그가 선도한 기술은 결국 지금 거의 모든 영화의 기반이 됐다. 블록버스터가 아닌 영화를 만드는 사람들도 배경을 합성하거나 특정 요소를 지우는 CG 기술을 일상적으로 사용한다. 그 공로의 많은 지분은 분명히 로버트 저메키스에게 더 돌아가야 마땅하다. 그러니 나는 저메키스라는 이름조차 잊어버린 독자들에게 그의 영화들을 다시 보라고 권하고 싶다. 올해 크리스마스 시즌에는 역시 〈폴라 익스프레스〉가 가장 좋은 선택이다.

"가차 없는 현실주의자와
가망 없는 이상주의자,
우리는 두 자아를 끌어안고 진화한다"

©The Economist Newspaper

Nathan Paul Myhrvol

네이선 미어볼드

공룡 덕후인 억만장자

만약 당신이 억만장자라면 어떤 취미를 갖고 싶은가? 그렇다. 정말 의미 없는 질문이다. 일단 이 글을 읽는 당신이 억만장자일 가능성은 제로에 가깝다. 백만장자야 있을 수도 있겠다만 억만장자라니. 그럼에도 불구하고 당신이 억만장자라고 잠시나마 억지로 가정해보자. 취미? 당신은 '쇼핑'이라는 대답을 입으로 소리 내 말하고 있을지도 모르겠다. 쇼핑이 취미가 될 수 있을까? 뭔가를 산다는 건 취미가 아니다. 그냥 소비다. 지속적으로 같은 것만을 사는 건 취미가 된다. 이를테면 '억만장자가 되면 희귀한 LP

를 모으고 싶다'고 생각하고 있는 마포의 힙스터 당신처럼 말이다.

내가 억만장자라면? 나의 취미는 이미 마이클 크라이턴michael crichton과 스티븐 스필버그가 1990년대 말 즈음에 훌륭하게 상상해냈다. 〈쥬라기공원〉Jurassic Park처럼 공룡을 다시 복원하는 것이다. 혹은 화석들로 가득한 공룡 연구소를 만들고 싶다. 공룡 화석으로 인테리어를 한 카페를 차려도 좋겠다. 메뉴 구성을 특이하게 한다면 의외로 돈이 될 수도 있다. 양이 놀랄 만큼 많은 '브라키오사우루스 라테'라거나, 한 모금 마시는 순간 머리가 어디 부딪힌 것처럼 아플 정도로 차가운 '파키케팔로사우루스 프라푸치노'라거나. 가만 생각해보니 나는 지금 억만장자가 되었다고 가정하고서도 카페를 차려 푼돈이나 벌 상상을 하고 있다. 상상력조차 소시민적 한계 속에 저당 잡힌 주제를 파악하는 것이 슬플 따름이다.

공룡 논문을 쓴 천재 엔지니어

사실 내가 꾸던 '억만장자의 꿈'은 이미 누군가가 이루어냈다. 엔지니어이자 사업가인 네이선 미어볼드다. 그는 21세기 가장 유명한 실리콘밸리 테크맨들 중 하나다. 14살에 UCLA에 입학한 그는 23살에 프린스턴대에서 수리물리학 박사 학위를 땄다. 케임브리지대에서 스티븐 호킹과 공동연구를 할 정도로 뛰어난 두뇌를 과시하던 그는 마이크로소프트MS에서 수석전략가 겸 기술총괄 임원으로 일했다. 우리가 익히 아는 윈도 운영체제에는 공학의 천재 네이선 미어볼드의 뇌세포가 깔려 있다고 봐도 좋을 것이다.

네이선 미어볼드는 40살이던 1999년 마이크로소프트를 그만뒀다. 스톡옵션으로 억만장자의 위치에 오른 그는 2000년에 인털렉추얼 벤처스IV라는 특허 관리 전문 회사를 차렸다. 여러 기술 특허를 사들인 뒤 상업적으로 발전시켜 기업에 다시 파는 회사다. 그런데 그는 돈을 버는 데 엄청난 재능을 지닌 억만장자인 동시에 '공룡 덕후'로도 유명하다. 네이선 미어볼드는 1996년 〈쥬라기공원 2〉

촬영 현장을 방문한 뒤 세계적인 고생물학자 잭 호너Jack Horner와 친해졌다. 어린 시절부터 공룡을 좋아하던 그는 호너의 조언에 따라 재산 중 일부를 공룡 학회에 지원하기 시작했다. 그걸로 성에 차지 않았는지 그는 직접 전 세계를 누비며 공룡 화석을 발굴했다. 학술지 〈네이처〉 등에 공룡에 대한 논문을 발표하기도 했다. 그의 거실에는 티라노사우루스의 실제 화석이 전시되어 있는 것으로도 유명하다. 거실이 얼마나 넓으면 그게 들어갈 수 있을지도 한번 상상해보시길 바란다.

네이선 미어볼드의 취미는 단순한 취미가 아니다. 그의 취미에는 엄청난 돈이 들어간다. 그걸로 딱히 더 돈을 벌어들일 수 있는 것도 아니다. 순수하게 공룡을 좋아하기 때문에 화석을 발굴한다. 나 같은 공룡 덕후에게는 축복과도 같은 일이다. 그 외에도 어딘가 좀 덕후스러운 취미를 가진 억만장자는 꽤 있다. 미국의 유명한 헤지펀드 매니저 레이 달리오Ray Dalio는 미스터리에 싸여 있는 대왕오징어 탐사에 많은 돈을 지원한다. 조금 더 돈이 많다면? 취미는 우주로 확장된다. 세계 최대의 부자인 테슬라의 일론 머스크, 아마존의 제프 베이조스Jeff Bezos, 버진의 리처드 브랜슨Richard Branson은 지금 '우주 개발'을 이끌고 있는 리더들이다.

2021년은 민간 우주 개발의 새로운 역사가 시작된 해다. 리처드 브랜슨은 2021년 7월 11일 '버진갤럭틱'의 우주 왕복선을 타고 고도 90km 지점까지 상승한 뒤 돌아왔다. 제프 베이조스는 같은 달 20일에 자신이 만든 회사 '블루 오리진'의 준궤도 로켓을 타고 11분간 우주여행을 했다. 베이조스는 이후 대형 로켓 '뉴 글렌'을 발사할 계획이라고도 밝혔다. 로켓이 커지면 여행에 동참하는 사람도 많아진다. 가격도 낮아진다. 언젠가 오게 될 '우주여행 대중화 시대'를 열어젖히는 프로젝트다. 물론 브랜슨과 베이조스를 압도적으로 능가하는 이 업계의 대표는 일론 머스크다. 그의 회사 '스페이스X'가 2021년 9월 쏘아올린 유인 우주선은 사흘간 지구 궤도를 도는 데 성공했다.

부자들의 요즘 유행 취미인 '우주 개발'

어린 시절 칼 세이건Carl Sagan의 〈코스모스〉Cosmos를 너덜너덜해질 때까지 읽은 나 같은 우주광이라면 민간기업이 우주 개발을 이끄는 21세기의 새로운 움직임이 정말 반가울 것이다. 국가가 우주 개발을 마음 놓고 추진할 수 있는 시대는 막을 내렸다. 1972년 아폴로 17호 이후 반세기 동안 달을 방문한 인간은 없었다. 1981년 첫 발사 이후 우주 개발의 상징이 된 우주왕복선 프로그램도 2011년 폐지됐다. 가장 큰 문제는 돈이 지나치게 많이 든다는 것이다. 두 번째 이유는 '정치'다. 냉전이 끝나자 우주 개발은 정치적으로 딱히 이득이 되는 분야도 아니게 됐다. '사람을 (쟤들보다 먼저) 화성에 보내겠습니다'보다는 '대학등록금을 (쟤들보다 먼저) 절반으로 낮추겠습니다'가 더 표가 되는 시대다. 그러니 민간기업이 막강한 자본력으로 우주 개발을 선도하는 것은 우주광들에게는 그리 나쁜 일이 아니다. 국가가 할 수 없는 일을 이제는 기업이 한다. 패러다임 자체가 바뀐 것이다.

모두가 억만장자들의 우주적 취미에 동의하는 것은 아니다. 2021년은 억만장자들의 꿈이 이루어진 해이자 예상치 못한 심리적 제동이 걸린 해라고 해도 좋을 것이다. 겨우 두 달 사이에 세 명의 억만장자가 경쟁하듯이 우주로 인간을 보내는 이벤트를 벌이자 비판이 쏟아지기 시작했다. 유엔세계식량계획 사무총장은 "당신들이 단돈 60억 달러만 보태면 굶주리는 사람 4천만 명을 도울 수 있다"고 했다. 〈인디펜던트〉는 "지구가 불타는데 부자들은 비싼 놀이기구를 탄다"고 비꼬았다. 영국 윌리엄William 왕세손은 "나는 우주로 가는 데 전혀 관심이 없고 우주여행이 초래할 탄소 배출에 의문을 갖고 있다"고 말했다.

얼마 전 미국 상원은 '억만장자세'를 발의했다. 이게 도입되면 머스크와 베이조스를 포함한 슈퍼부자 10명이 전체 세수의 절반이 넘는 322조 원 정도의 세금을 부담해야 한다. 그러자 일론 머스크는 트위터를 통해 "내 계획은 인류를 화성에 보내고 의식의 빛을 보존하기 위해 돈을 쓰는 것"이라고 항변했다. 사실 그는 비슷한 항변을 2021년 3월에도 했다. 버니 샌더스가 머스크의 재산을 탐욕이라고 비판하자 그는 "의식의 빛을 별까지 확장할 수 있도록 돈을 모으고 있다"고 했다. 나는 일론 머스크가 '의식을 빛'을 이야기할 때마다 양가적인 감정에 사로잡혔다.

불평등을 없애기 위해 세금을 내라는 압박을 받는다면 당신은 어떻게 하겠는가? '우주 개발이 가져올 미래의 엄청난 경제적 이득'을 먼저 내세워서 스스로를 변호하는 편을 선택할 것이다. 그러나 일론 머스크는 그러지 않는다. 계속해서 '의식의 빛'을 말한다. 아서 클라크Arthur C. Clarke 소설에 나오는 과학자처럼 말한다. 밤마다 망원경으로 별을 들여다보는 소년처럼 말한다. 맞다. 지구가 불타고 사람들이 굶는다는데 '의식의 빛'을 보존하는 인류의 사명을 이야기하는 건 지나칠 정도로 이상적이다. 샌더스가 머스크의 트위트를 보고 얼마나 웃었을지 상상이 가시는가?

하늘을 보며 같이 꿈꿔볼 순 있잖아

하지만 동시에 나는 일론 머스크의 철부지 같은 소리에 괴이한 감동 같은 것을 느꼈다고 고백하지 않을 도리가 없다. "인간에게는 작은 한 걸음이지만 인류에게는 거대한 도약"이라는 닐 암스트롱Neil Armstrong의 말에 바치는 정신 나간 덕후의 대답처럼 느껴졌기 때문이다. 인류는 공동의 꿈을 꾸지만 항상 같은 꿈을 꾸지는 않는다. 당신은 억만장자들의 우주를 향한 꿈이 세상을 살아가는 데 충분한 자산이 있지만 사회적 연대를 포기한 값비싼 취미라고 비난할 수도 있다. 반면 당신은 오늘을 버틸 자산도 부족하지만 억만장자들이 우주로 쏘아올리는 로켓의 궤적을 보면서 내일을 살아갈 꿈을 꿀 수도 있다. 우리 모두는 가차 없는 현실주의자인 동시에 가망 없는 이상주의자다. 두 자아를 모두 끌어안고 덜컹덜컹 진화하는 존재들이다.

억만장자 네이선 미어볼드는 요리 덕후이기도 하다. 그는 2011년 6권짜리 〈모더니스트 퀴진〉Modernist Cuisine을 펴냈다. 〈월스트리트 저널〉이 '우리 시대 가장 위대한 요리책'이라고 상찬한 이 책은 과학을 통해 요리의 원리를 분석하는 백과사전이다. 이것 역시 억만장자의 비실용적이고 호사스러운 취미에 불과하다고 생각한다면 한 가지 실용적인 팁을 알려드리겠다. 네이선 미어볼드에 따르면 와인을 서빙하기 전에 적당량의 소금을 넣으면 맛이 훨씬 풍부해진다고 한다. 오늘 당장 시도해보시라. 어쩌면 이 팁은 너무나도 비실용적인 이 글에서 유일하게 실용적인 부분일지도 모르겠다.

"모두가 그의 음악을 좋아해도,
새로운 시대에는
새로운 사운드가 필요하다"

©nytimes

Max Martin

맥스 마틴

30년간 팝시장을 장악한 독재자

"내 외로움이 날 죽이고 있어."My loneliness is killing me 음악의 역사를 바꾸어놓은 가사다. 음악 역사를 바꾼 가사라고 하면 당신은 데이비드 보위David Bowie나 밥 딜런Bob Dylan 같은 시인들을 떠올릴 것이다. "내 외로움이 날 죽이고 있어"라니, 이런 중2병 가사보다야 장필순의 '나의 외로움이 널 부를 때'가 더 시적이라고 생각하고 있을지도 모른다. 하지만 10대 소녀가 교복을 입고 춤을 추며 저 가사를 읊조린 순간 팝의 역사는 바뀌었다. 그렇다. 나는 지금 20세기 최후의 슈퍼 히트곡 중 하나인 브리트니 스피어스_{Britney Spears}의 '…베이비 원 모어 타임'…_{Baby One More Time}
에 대한 이야기를 하고 있는 중이다.

1990년대 풍미한 최고의 작곡가

이 역사적인 데뷔곡의 가사는 좀 괴이쩍다. "마이 론리
니스 이스 킬링 미"부터가 그렇다. 지나치게 문어체적인
가사다. 아무리 1990년대라지만 10대 소녀가 경쾌한 댄스
곡을 부르다 "내 외로움이 날 죽이고 있어"라는 문장을 내
뱉는 건 좀 뜬금없다. 이 가사는 그 미묘한 '뜬금없음'으로
인해 일종의 밈_{meme: 짤}이 되어 여전히 인터넷을 떠돌고 있
으니 한번 찾아보시길 권한다. 사실 더 괴이한 건 후렴구
다. 브리트니 스피어스는 "히트 미 베이비 원 모어 타임"_{Hit}
_{me Baby one more time}이라고 노래한다. "날 한 번 더 때려줘"라
니. 폭력적인 연인과 헤어진 뒤에도 그를 잊지 못한 채 "때
려달라" 애원하는 내용일 리는 절대 없다.

브리트니 스피어스 노래의 진정한 의미는 2015년에
야 밝혀졌다. 작가 존 시브룩_{John Seabrook}의 책 《더 송 머신》

The Song Machine에 따르면 이 노래를 만든 스웨덴 출신 작곡가 맥스 마틴은 '히트'Hit가 '콜'Call의 슬랭(속어)이라 생각했던 모양이다. 그는 이 가사를 "한 번 더 나에게 전화해줘요"라는 의미로 썼다. 맥스 마틴도 이 가사가 원어민들에게는 어색하게 들린다는 사실을 알고 있었다. 하지만 그는 "콜 미"보다는 "히트 미"가 더 노래의 분위기에 잘 어울린다고 생각했다. 원어민 음반 관계자들의 지적에도 불구하고 결과적으로는 엉터리 가사가 노래에 뭔가 모호하고 새로운 기운을 안겨줬으니 맥스 마틴의 고집은 성공적이었다.

나는 사실 맥스 마틴이라는 작곡가에 대한 나의 미묘한 애증을 표현하기 위해 그의 엉터리 영어를 끌어들였다. 팝 음악을 잘 모르는 사람도 맥스 마틴이라는 이름은 지나가다 한 번쯤 들어봤을 것이 틀림없다. 스웨덴 스톡홀름에서 태어난 그는 10대 시절 헤비메탈 밴드를 거쳐 작곡가이자 음악 프로듀서가 된 남자다. 로빈Robyn 같은 스웨덴 가수들의 노래를 빌보드 차트에 올린 그는 1990년대 중반 미국으로 건너가 보이그룹 백스트리트 보이스의 데뷔 앨범을 만들었다. 브리트니 스피어스의 데뷔곡을 빌보드 1위로 만들면서 주류 작곡가로 뛰어올랐다. 당대의 보이그룹 백스트리트 보이스와 엔싱크의 앨범을 모두 맥스 마틴이 프로듀싱한 것도 재미있다. 두 그룹의 팬들은 엄청난 신경전을 벌이기로 유명했는데, 결국 그들은 맥스 마틴의 손바닥 안에서 전쟁을 벌였던 셈이다.

1990년대를 상징하던 많은 음악 프로듀서들은 사라졌다. 음악이란 게 그렇다. 특정 유행의 생명력은 짧다. 1990년대 유행했던 것은 대체로 1990년대에 머무른다. 2000년대에 유행했던 것은 좀처럼 2010년대까지 지속되지 않는다. 나는 룰라의 '3! 4!'를 들으면 엉덩이가 절로 씰룩거리지만 2023년의 아이돌이 그런 노래를 들고나온다면 이 무슨 시대착오적인 짓이냐며 고개를 저을 것이다. 1990년대 최고의 히트곡 제조자였던 주영훈이나 김창환의 커리어는 오래전에 막을 내렸다. 그러나 맥스 마틴은 사라지지 않았다. 2000년대를 무사통과한 그는 2010년대의 팝 지분을 나눠 가진 여성 가수 케이티 페리Katy Perry와 테일러 스위프트Taylor Swift의 가장 성공적인 앨범을 만들어냈다. 두 가수는 소셜미디어에서 으르렁거리는 숙적으로 유명했는데, 그 싸움에 가담한 팬들 역시 백스트리트 보이스와 엔싱크의 팬들처럼 결국 맥스 마틴의 손바닥 안에서 전쟁을 벌인 것이다.

보수적 그래미도 '인정'한 중독성 강한 음악

2015년 맥스 마틴이 테일러 스위프트의 앨범 〈1989〉로 그래미 시상식에서 '올해의 프로듀서상'을 수상하자 모두가 입을 쩍 벌렸다. 보수적인 그래미의 성향을 잘 아는 사람들에게는 꽤나 놀라운 결과였다. 당시 〈로스앤젤레스 타임스〉의 기사 제목은 무려 "맥스 마틴이 정말로 첫 번째 그래미를 탔다고?"였다. 맥스 마틴은 '10대를 위한 팝'을 만드는 사람이었다. 그래미는 10대 팝 장르를 철저하게 무시하기로 유명하다. 하지만 그래미로서도 불사신처럼 1990년대와 2000년대를 지나 2010년대까지 살아남은 스웨덴 작곡가를 계속 무시할 수는 없었을 것이다. 맥스 마틴은 1998년부터 2022년까지 모두 24곡의 빌보드 1위 곡을 만들어냈다. 그의 기록과 비교할 만한 작곡가는 비틀스의 존 레논John Lennon과 폴 매카트니Paul McCartney

뿐이다. 25년에 걸친 세월 동안 정상에 머무른 작곡가는 맥스 마틴 이전에도 없고 이후에도 없다. 이건 말하자면 '팝 독재'다.

이쯤 되면 내가 맥스 마틴에 대해서 어떻게 생각하는 지 짐작하고도 남을 것이다. 나는 (세상에 존재하는 수천만 명의 사람들과 마찬가지로) 맥스 마틴을 싫어하려 몹시 노력하고 있다. 30년째 노력했다. 문제는 그의 노래들이 거침없이 싫어하고 거부하기에는 무서울 정도로 중독성이 강하다는 사실이다. 케이티 페리의 '아이 키스트 어 걸'I Kissed a Girl, 저스틴 팀버레이크Justin Timberlake의 '캔트 스톱 더 필링'Can't Stop The Feeling, 아리아나 그란데Ariana Grande의 '뱅뱅'Bang Bang 같은 노래들은 한번 듣는 순간 당신의 고막에 새겨진 채 떠날 생각을 하지 않는다. 맥스 마틴의 특기는 멜로디다. 그는 귀에 한번 걸리면 절대 잊히지 않는 '훅송'의 대가다. 그가 작곡한 노래들은 하나의 훅이 끝나는 순간 새로운 훅이 나오고 그걸 넘어서는 또 다른 훅으로 끝난다. 그래서 맥스 마틴의 노래들은 가장 달콤한 설탕으로 만든 솜사탕처럼 귀에서 녹는다.

훅송은 금방 질리게 마련이다. 맥스 마틴은 2000년대

후반에 약간의 부침을 겪었다. '멜로디'를 중요시하는 댄스곡들은 힙합이 대세가 된 시대에는 어울리지 않는 과거의 유물 같은 것이었다. 맥스 마틴은 빠르게 바뀌는 트렌드를 일종의 '협업 시스템'으로 극복했다. 그는 계속해서 멜로디 중심의 훅송을 만든다. 자신보다 젊은 프로듀서들을 영입해 새로운 트렌드를 자신의 강력한 멜로디에 덧입힌다. 그러면 짜잔! 30년 전과 기본적으로는 다를 바 없지만 뭔가 새롭게 들리는 것 같은 착각을 불러일으키는 히트곡이 탄생한다.

2020년대가 되면 맥스 마틴의 시대는 막을 내릴 거라 예상했다. 틀렸다. 그는 지금 가장 거대한 팝스타인 위켄드와 손을 잡았다. 2019년에 나온 위켄드The Weeknd의 앨범 〈블라인딩 라이츠〉Blinding Lights는 음악 역사상 가장 성공적인 앨범 중 하나가 됐다. 만약 당신이 지금 현재 팝 음악의 지형도를 하나의 앨범만으로 이해하고 싶다면 이 앨범은 가장 가장 정확한 답변이 되어줄 것이다. 재미있게도 2021년 그래미 시상식은 위켄드의 앨범을 철저히 무시했다. 단 하나의 부문에도 후보로 올리지 않았다. 위켄드는 그래미 보이콧을 선언했다. 사람들은 그래미가 큰 실수를 했다며 불평했다. 나는 그래미의 선택을 조금은 이해한다. 나의 추측이지만, 그래미의 영감님들은 맥스 마틴에게 또 다른 '올해의 프로듀서상'을 주고 싶지 않았을 것이다. '…베이비, 원 모어 타임'을 만들었던 팝의 공장장이 여전히 세상을 지배한다는 사실을 거부하고 싶었을 것이다. 30년 팝 독재의 사슬을 끊어버리고 싶었을 것이다.

음악의 새 시대에 필요한 것은?

그래미는 졌다. 사람들은 여전히 맥스 마틴을 사랑한다. 그가 만들어내는 명료하고 명백하고 명확한 팝송을 갈구한다. 하지만 누구도 그토록 오래 권좌에 머무를 수는 없다. 머물러서는 안 된다. 이 글을 쓰고 있는 동안 블라디미르 푸틴Vladimir Putin은 우크라이나의 도시들에 대량 살상이 가능한 폭탄을 떨어뜨렸다. 서방을 향해 "한 번 더 나를 때려봐"라고 외치는 듯 거침없이 떨어뜨렸다. 푸틴의 선택은 역사적 오판으로 기록될 것이다. 그의 외로움은 결국 그를 죽이고야 말 것이다. 그래미의 선택은? 글쎄. 어쩌면 누군가는 키이우(키예프)의 지하 방공호에서 맥스 마틴이 작곡한 노래들을 들으며 용기를 얻고 있을 것이다. 당신이 맥스 마틴의 팬이라면 푸틴과의 비교를 일종의 신성모독이라고 생각할지도 모르겠다. 하지만 새로운 시대에는 새로운 사운드가 필요하다. 새로운 사운드의 설계자만이 새로운 시대를 만들 수 있다. 정권을 교체하든 정치를 교체하든, 무언가는 교체되어야 결국 세상은 바뀌는 것이다.

"그는 지금보다
'순진한' 시절의 추억이다"

©getty images

Uri Geller

유리 겔러

한때 전 세계를 홀렸던
현대적 미신 그 자체

숟가락을 구부렸는가 아닌가. 그것이 문제였다. 동네는 공영 한국방송KBS의 특집 생방송 프로그램이 끝나자마자 흥분의 도가니였다. 나는 경상남도 마산의 작은 아파트 단지에 살고 있었다. 사람들의 삶은 아직 주택과 아파트 사이의 경계를 완전히 무너뜨리지는 못한 채였다. 아파트 화단에는 누군가 줄에 묶어 키우는 암탉들이 있었다. 사람들은 여름이면 베란다에 대나무로 된 발을 내걸었다. 밤이면 발 사이로 사람들이 수박을 먹고 있는 광경이 훤히 들여다보였다. 모두가 같은 시간에 같은 TV 프로그램을 봤다. 좋은 시절이었다고 말하려는 건 아니다. 사람은 원래 자신의 유년기를 지나치게 긍정적으로만 기억하려는 경향이 있으니 주의해야 한다. 다만 그 시절이 지금보다 '순진한' 시절이었다고는 확실히 말할 수 있을 것이다.

초능력 흉내, 전국에서 숟가락 구부리기

1984년은 '순진한 시절'에 딱 들어맞는 해였다. 한국의 국민총생산GNP이 북한의 5배를 넘어섰다. 애플이 개인용 컴퓨터PC '매킨토시 128K'를 발매했다. 소련의 아프가니스탄 침공에 항의하며 모스크바 올림픽을 보이콧한 서구에 항의하며 공산권이 모두 불참한 로스앤젤레스 올림픽이 열렸다. 한국방송 〈연예가중계〉가 처음으로 방영됐다. 교황 요한 바오로 2세가 서울을 방문했다. 역사적인 컴퓨터 게임 '테트리스'가 출시됐다. 88올림픽고속도로가 개통됐다. 롯데 자이언츠가 창단 2년 만에 첫 우승을 했다. 4천만이 기다리는 가운데 유리 겔러가 방한했다. 유리 겔러? 그게 누구냐고? 유리 겔러는 당대의 초능력자였다. 그가 주장하기에 따르면 그렇다는 것이다. 유리 겔러는 헝가리계 유대인으로 이스라엘에서 태어났다. 군에 입대했다가 부상으로 퇴역한 그는 이런저런 나이트클럽을 전전하며 마술쇼를 선보였고, 그게 비즈니스가 좀 되자 스스로를 초능력자로 선전하기 시작했다. 유리 겔러는 이스라엘뿐만 아니라 유럽 국가들의 텔레비전에 출연해 숟가락을 손가락 하나로 구부리는 초능력을 선보이며 점점 유명해졌다. 이런 활약을 지켜보던 미국의 초심리학자(라고는 하지만 초자연현상에 관심이 많은 호사가) 안드리야 푸하리치는 그를 미국으로 초청했다. 몇 가지 테스트를 진행한 뒤 푸하리치는 유리 겔러가 초능력자가 맞다고 선언했다. 물론 우리는 푸하리치가 1974년에 펴낸 책에서 유리 겔러가 쇠를 금으로 만들었다거나 개가 벽을 통과하게 만들었다고 주장한 사람이라는 걸 염두에 둘 필요가 있다.

때는 1970년대였다. 인류가 좀 더 순진하던 시대였다. 푸하리치의 초능력자 마케팅은 통했다. 유리 겔러는 미국을 순회하며 숟가락 구부리는 마술, 아니 초능력을 전시했다. 엄청난 수익이 남는 비즈니스였다. 이 비즈니스가 제대로 굴러가기 위해서는 좀 더 나은 '인증'이 필요했다. 흥미진진하게도 정부와 과학이 비즈니스에 말려들었다. 미국 중앙정보국CIA은 1973년 민간 회사를 통해 유리 겔러를 테스트한 뒤 "초지각능력을 믿을 만하고 분명한 방식으로 선보였다"고 결론 내렸다. 미국 국방정보국 의뢰로 이루어진 스탠퍼드대 연구소의 실험도 비슷했다. 이 실험 논문은 "유리 겔러가 추후 더 심각한 연구를 계속할 필요가 충분히 있을 정도의 능력을 보였다"는 결론과 함께 과학 학술지 〈네이처〉에 실렸다.

그 시절을 겪지 못한 오늘날의 당신은 어떻게 그런 일이 일어날 수가 있느냐며 경악하고 있을지도 모르겠다. 그 시절에도 몇몇 과학자들과 거짓 초자연현상 타파자들이 유리 겔러의 능력이 싸구려 눈속임에 불과하다고 지속적으로 의문을 제기했다. 그러나 과학자들의 외침은 유리 겔러의 명성에 큰 흠을 내지 못했다. 어쩌겠는가. 정부와 대학이 초자연현상을 진지하게 연구하던 시절이었다. 사람들은 믿기를 바랐다. 믿고 싶어 했다. 한번 불붙은 명성은 쉽게 사그라들지도 않았다. 유리 겔러는 이미 1980년대 초 전 세계가 사랑하는 공인된 초능력자이자 첫 번째

백만장자 초능력자가 됐다.

비과학을 엔터테인먼트로 받아들이던 시기

한국방송의 특집 프로 〈세기의 경이 초능력 유리 겔러 쇼〉가 생방송으로 방영되던 1984년 9월 23일을 나는 여전히 생생하게 기억한다. 이미 광고를 본 사람들이 집집마다 숟가락이나 시계를 들고 기다리고 있었다. TV 화면에 나타난 유리 겔러가 전국 방방곡곡에 텔레파시를 보내는 순간 모두가 손가락에 힘을 주고 숟가락을 눌렀다. 나도 눌렀다. 간절히 믿으면 이루어지는 법이다. 그런 법은 없었다. 그런 일은 일어나지 않았다. 숟가락은 구부러지지도 부러지지도 않았다. 프로그램이 끝나자 아이들이 아파트 1층으로 내려왔다. 그중 하나가 자랑스러운 얼굴로 구부러진 숟가락을 내밀었다. 유리 겔러가 신호를 보내는 순간 자기 아빠가 구부렸다고 했다. 우리는 소리를 질렀다. 다음 날 학교로 갔더니 더 많은 간증과 증거가 쏟아졌다. 구부러진 숟가락이 쏟아졌다. 나는 굴복했다. 그렇게 많은 사람들이 구부린 것이라면 구부러진 것이 맞다. 맞아야만 했다. 그날 저녁 9시 뉴스에서도 전국 방방곡곡에서 숟가락을 구부린 사람들의 증언이 나왔던 것 같은데 그건 아주 정확한 기억은 아니니 넘어가자. 어쨌거나 중요한 건 1984년의 한국이란 공영방송의 특집 생방송에 이스라엘 출신의 초능력자가 나와서 전 국민을 상대로 쇼케이스를 하는 국가였다는 사실이다. 그걸 누구도 이상하게 생각하지 않았다. 압도적인 비과학을 엔터테인먼트로서 받아들였다.

내가 유리 겔러를 다시 보게 된 건 2000년대 초반의 영국에서였다. TV를 틀었더니 새로 시작하는 리얼리티 프로그램에 유리 겔러가 나왔다. 한물간 연예인들을 정글에 모아놓고 벌레를 산 채로 먹인다거나 하는 가학적인 게임을 통해 하나씩 제거하고 최종 우승자를 뽑는 쇼였다. 거기서 유리 겔러는 자신의 초능력이 사기라는 것을 자신의 입으로 고백한 지 이미 십여 년이 지난 '마술사'로 출연하고 있었다. 나는 그가 한심하면서도 반가웠다. 그 프로그램에 출연하는 누구도 유리 겔러가 진짜 초능력자라고 믿지 않았다. 인류가 조금 덜 지성적이었던 시대가

낳은 씁쓸한 유물처럼 그를 받아들였다. 그는 현대의 미신 그 자체였다. 초능력자 생방 프로그램을 만들던 시대와 셀레브리티 학대 리얼리티 프로그램을 만드는 시대의 지성 차이가 뭐 얼마나 되겠냐고 묻고 싶은 분도 계시겠지만, 그래도 우리의 집단 지성이 점점 진화하고 있는 건 사실이다. 적어도 가뭄이라고 국가가 기우제를 지내던 순진한 시절로부터는 정말이지 긴 걸음을 걸어오지 않았는가 말이다.

마음속에 슬그머니 자리한 현대적 미신

나는 사실 이 글을 요즘 지나치게 자주 뉴스에 등장하는 스승과 도사와 법사들의 이야기를 한탄하기 위해 쓰기 시작했다. 가만 생각해보니 나에게는 그럴 만한 자격이 없다. 내 이름은 경상남도 마산의 한 작명소에서 어떤 도사님이 지으신 것이다. 나는 여전히 점성술 앱을 열심히 활용하고 있다(참고로 말하자면 나는 염소자리다). 나는 여전히 누군가가 "저는 혈액형이 B형입니다"라고 말하면 속으로

'약간 제멋대로인 타입이겠군?'이라고 생각하는 경향이 있다. 아무래도 나는 INFP라서 그런 타입을 만나면 좀 힘들어지…. 아, 맞다. MBTI 테스트는 내가 새롭게 시달리게 된 새로운 유형의 미신이다. 언젠가 친구들과 수원까지 사주를 보러 간 이야기도 있는데 아주 자세하게 여기에 고백하긴 좀 그렇다. 아무래도 나는 솔직하게 프라이버시를 전시하기에는 조금 조심스러운 INFP니까 말이다.

결국 그렇다. 유리 겔러의 시대는 갔지만 내 마음속 한구석에는 여전히 현대적 미신을 슬그머니 믿는 구식의 K 한국인이 살고 있다. 수원의 법사 선생님이 유튜브 같은 걸 해보라고 한 조언도 아직 잊지 않고 있다. 금을 몸에 지녀야 돈이 들어온다는 말을 믿고 맞춘 육중한 금목걸이도 항상 차고 있다.

1984년 9월 23일 자신이 정말로 유리 겔러의 텔레파시를 받아 숟가락을 구부렸다고 생각하시는 분들도 여전히 세상에는 존재할 것이다. 아마도 그 숟가락은 너무 약한 스테인으로 되어 있어 누가 힘을 줘도 구부러졌겠지만 당신의 믿음을 비난할 생각은 추호도 없다. 그나마 다행인 건 이 글을 쓰는 나도 읽는 당신도 정치인은 아니라는 사실이다. 우리가 공개적으로는 밝히지 않으면서 종종 찾는 그 법사님들은 그저 우리 각자의 인생만 망칠 뿐이다.

"인생은 '원 히트 원더,'
우리는 가장 빛나는 순간을
좇으며 산다"

가수 김지연의 2집 앨범재킷

김지연

단 한 번, 그러나 절대 사라지지 않을
절정의 순간을 산 가수

찬바람이 불기 시작하면 듣는 노래가 있다. 김지연의
'찬바람이 불면'이다. 당신이 갓 중년에 접어든 사람이라
면 제목을 듣는 순간 저절로 멜로디를 흥얼거리게 될지도
모른다. "찬바람이 불면/ 내가 떠난 줄 아세요/ 스쳐 가는
바람 뒤로/ 그리움만 남긴 채/ 낙엽이 지면/ 내가 떠난 줄
아세요/ 떨어지는 낙엽 위엔/ 추억만이 남아 있겠죠." 흔한
이별 노래처럼 들리지만 가사는 꽤 독특한 운치가 있다.
찬바람이 불고 낙엽이 지면 나는 당신을 떠나겠다는 가사
는 특별할 게 없다. 클라이맥스에 이르면서 노래는 살짝

턴을 한다. "한때는 내 어린 마음 흔들어주던/ 그대의 따뜻한 눈빛이/ 그렇게도 차가웁게 변해버린 건/ 계절이 바뀌는 탓일까요."

떠나는 그의 마음은 돌아섰다. 그러나 당신의 마음이 돌아선 이유가 사랑이 떠나서 그런 거라 말하고 싶지는 않다. 그래서 나는 계절을 탓한다. 계절이 바뀌면 많은 것이 변하게 마련이니까. 노래의 마지막은 꽤 단호하다. "찬바람이 불면/ 그댄 외로워지겠죠/ 그렇지만 이젠 다시/ 나를 생각하지 말아요." 그대의 마음이 떠났기 때문에 나는 그대를 떠날 것이다. 그대가 나를 잡을지 말지는 알 수가 없다. 잡아도 소용없다. 어쨌거나 나는 떠날 것이다. 내가 그립더라도 다시 연락은 하지 말아 달라. 꽤 단호한 메시지다.

'뽕끼' 없이 단정한 모던함

'찬바람이 불면'은 한국방송 드라마 〈사랑이 꽃피는 나무〉에 등장하면서 인기를 얻었다. 1987년부터 90년대 초까지 방영된 이 드라마는 가족 이야기를 핑계로 댄 연애물이었다. 최재성, 최수종, 이미연, 최수지, 신애라, 이상아, 김민희 등 당대 젊은 배우가 출연했다. 최재성은 절정의 스타였는데 중간에 하차하고 아역 배우 출신 스타 손창민이 투입됐다. 이상아도 이미 아역 스타였다. 그런데 끝날 무렵에는 신인 최수종과 이미연이 스타덤에 올랐다. 드라마 속에서 청춘스타 세대교체가 이루어진 셈이다.

'찬바람이 불면'은 최수종과 이미연의 테마곡이었다. 부잣집 아들인 의대생 최수종과 가난한 간호사 이미연(이 휘황찬란할 정도로 90년대적으로 구태의연한 역할이라니!)은 집안의 반대를 무릅쓴 사랑을 나누는 사이였다. 둘 사이가 조금만 위태로워질 법하면 꼭 '찬바람이 불면'이 나왔던 것으로 기억한다. 당시 나는 중학교 3학년이었다. 사춘기가 근질근질하게 오기 시작하던 나이에는 슬픈 사랑 노래가 그렇게 당기게 마련이다. 나는 '찬바람이 불면'을 부른 김지연의 1집을 카세트테이프로 샀다. 테이프를 감고 또 감으며 '찬바람이 불면'을 반복해서 들었다. 사랑을 해보지도 않은 주제에 이별의 노랫말은 그렇게 가슴을 때렸다. 80년대 말 가장 인기 있던 가수 중 한 명은 '바람아 멈추

어다오'의 이지연이었다. 나는 이지연과 김지연이 나란히 '10대 가수상'을 받는 장면을 그리곤 했다. 어린 나이의 내가 보기에도 김지연은 스타성이 있었다.

김지연은 '10대 가수상'을 받지 못했다. '찬바람이 불면'이 큰 성공을 거두고 그는 앨범 두 장을 더 냈지만 히트 곡을 내지 못하고 잊혔다. 아쉬운 일이었다. 발라드도 '뽕끼'가 있던 시절이었다. 그는 뽕끼 없이 단정하게 노래를 불렀다. 기교 없이 노랫말을 꼭꼭 씹어서 전했다. 모던했다. 노래도 모던했고 가수도 모던했다. 자료를 찾아보니 1968년생인 그는 대학 시절부터 대전 지역 통기타 그룹의 일원으로 노래를 부르기 시작했다. 1988년에는 당대 스타의 산실이던 〈MBC 대학가요제〉에 '쉿, 나의 창을 두드리지 마'라는 노래로 참가한 이력도 있다. 데뷔곡인 '찬바람이 불면'이 국민적인 사랑을 받았으니 그 역시 당연히 스타가 되어야 마땅했다. 슬프게도 그는 '원 히트 원더'로 잊혀졌다.

그 가수의 '단 하나의 명곡'

우리는 단 하나의 노래만 히트시키고 사라진 가수들을 '원 히트 원더'One-hit Wonder라고 부른다. 영어로 된 저 단어는 이제 엄연한 한국어 표현으로 자리 잡았다. 세상에는 많은 원 히트 원더가 존재한다. 데비 분Debby Boone의 '유 라이트 업 마이 라이프'You Light Up My Life, 바비 맥퍼린Bobby McFerrin의 '돈 워리 비 해피'Don't Worry Be Happy, 고티에Gotye의 '섬바디 댓 아이 유즈 투 노'Somebody That I Used To Know가 잘 알려진 사례들이다. 한국에도 꽤 알려진 원 히트 원더들이 있다. 샌드페블즈의 '나 어떡해', 임종환의 '그냥 걸었어', 황치훈의 '추억 속의 그대', 최호섭의 '세월이 가면' 등이 대표적이다. 전주를 들으면 누구나 따라 부를 수 있는 시대의 명곡들이지만, 정작 가수들은 단 한 번의 절정만을 남기고 사라졌다. 어떤 이들은 다음 앨범을 내지도 못했다. 황급히 사라졌다. 어떤 이들은 새 앨범을 계속해서 냈지만 계속해서 실패했다. 천천히 사라졌다. 단 한 번으로 사라지는 것보다 서서히 잊히는 것은 더 슬픈 일이다.

김지연의 '찬바람이 불면'은 또 하나의 원 히트 원더와 연결된다. 가수 자신의 이름을 과감하게 제목에 넣은 '김성호의 회상'이다. 제목을 듣자마자 중년이 된 당신은 저절로 입으로 소리 내 노래를 부르기 시작했을 것이다. "바람이 몹시 불던 날이었지/ 그녀는 조그만 손을 흔들고/ 어색한 미소를 지으면서/ 나의 눈을 보았지"로 시작해 "보고 싶은 마음 한이 없지만/ 찢어진 사진 한 장 남지 않았네"로 끝나는 바로 그 노래다. 1989년에 발매된 이 노래를 라디오로 처음 들었던 순간을 어제처럼 기억한다. 노래가 너무 슬펐다. 끔찍하게 슬픈 나머지 가슴이 미어질 것 같았다. 특히 "찢어진 사진 한 장 남지 않았네"라는 대목이 가슴을 찢었다. 사실 이 대목은 2021년에는 효용이 없다. 우리의 스마트폰에는 많은 사진이 남아 있다. 찢어지지 않는다. 사라지지 않는다. 지워봐야 모든 흔적은 클라우드에 저장되어 있다. 하나하나 찾아서 완전히 삭제할 수도 있다. 그러나 어느 날 당신의 페이스북은 '4년 전 소중한 그날'이라며 헤어진 연인과 찍은 당신의 사진을 기어코 찾아내 들이밀고야 말 것이다.

'김성호의 회상'을 작곡하고 부른 가수는 김성호다. 그는 다른 가수들의 노래도 작곡했다. 그중 많은 노래가 차트에서 성공을 거뒀다. 박성신의 '한 번만 더', 박준하의 '너를 처음 만난 그때', 그리고 김지연의 '찬바람이 불면'이다. 모두 이별의 아픔을 솔직하게 그려내는 슬픈 노래다. 아이러니하게도 이 모든 노래들은 원 히트 원더로 끝이 났다. 김성호도 원 히트 원더로 끝이 났다. 한 곡 정도가 더 인기를 얻었지만 그 사실은 그냥 지나쳐도 좋을 것이다. 계속해서 히트곡을 내는 가수는 생각보다 드물다. 많은 가수가 데뷔곡의 영광을 기억한 채 새로운 노래를 발매한다. 히트는 아니지만 중박을 낼 수도 있다. 그러나 데뷔곡의 영광은 잘 돌아오지 않는다.

우리 인생을 닮은 '원 히트 원더'

인생도 그렇다. 우리 인생은 대개 원 히트 원더다. 어떤 사람에게 그 '히트'는 대학입학시험일 것이다. 누구에게는 입사시험일 것이다. 누구에게는 빠른 진급일 것이다. '마용성(마포, 용산, 성동구)' 아파트 구입이나 코인 '떡상'일 수도 있다. 좀 더 로맨틱한 예를 들어보자면 일생의 사랑을 만났을 때? 인생의 원 히트 원더는 가장 빛나던 순간에 잠깐 빛을 발한다. 다시 그 순간은 돌아오지 않는다. 그래도 우리는 그걸 좇으며 산다. 어쩐지 계속 손에 잡힐 것처럼 느껴지는 탓이다.

얼마 전 나는 오디션 프로그램 〈쇼 미 더 머니〉 시즌10을 봤다. 오디션장에는 돈과 명예를 꿈꾸는 젊은 래퍼들 사이 몇몇 익숙한 얼굴이 포함되어 있었다. 오랫동안 정상의 래퍼로 활동한 '산이'와 '얀키', 시즌4의 우승자인 '베이식'이 초조하게 심사를 기다리고 있었다. 나는 그들이 나오는 장면에서 기적을 바랐던 것도 같다. 다시 기회를 얻기를 바랐던 것 같다. 그들의 전성기는 끝이 났다. 전성기가 끝난 사람들이 다시 기회를 얻는 일은 그리 자주 벌어지지 않는다. 우리는 그들의 랩을 잘 알고 있다. 한때 빛나던 그들의 랩은 (냉정한 말이지만) '올드'하다. 랩에도 트렌드가 있다. 그걸 가장 잘하는 사람들은 갓 20대가 된 신인들이다. 단어도 다르고 플로(흐름)도 다르다. 새롭다.

인생이 원 히트 원더에 가깝다는 것을 깨닫고 다음 세대에게 히트의 기회를 호탕하게 물려주는 일은 생각보다 쉽지 않다. 당신은 당신 세대가 여전히 뭔가를 해낼 수 있다고 믿는다. 바꿀 수 있다고 믿는다. 개혁할 수 있다고 믿는다. 새로운 역사를 쓸 수 있다고 믿는다. 새로운 세대를 이해할 수 있다고 믿는다. 나도 알고 있다. 그 믿음을 놓는 것은 쉬운 일이 아니다. 우리는 어쩌면 각자의 '원 히트 원 더'만을 영원히 기억하고 그리워하고 좇고 갈망하며 황혼기로 달려가게 되는 것일지도 모르겠다. 찬바람이 불던 날 그 순간은 떠났고 계절은 바뀌었다는 사실을 끊임없이 부정하면서.

"어쩌면 우리는
이미 슈퍼히어로들과 살아가고
있는지도 모른다."

©the Telegraph

Joy Milne

조이 밀른

파킨슨병을 냄새로 아는
슈퍼파워의 소유자

당신이 가장 좋아하는 슈퍼히어로의 파워는? 아마도 각자의 성격이나 목표에 따라 다를 것이다. 어쩌면 당신은 스파이더맨처럼 높은 빌딩을 오르는 능력을 갖고 싶을 것이다. 다만 한국은 뉴욕처럼 높은 빌딩 숲이 있는 지역이 몇 없다. 당신의 파워는 기껏해야 서울의 테헤란로와 여의도, 부산의 해운대 지역에서나 쓸 만할 것이다. 그 외 지역에선 건물 옥상을 통통 튀며 다녀야 하니 스파이더맨이라기보다는 그래스호퍼맨이라고 불릴 가능성이 더 높다. 그래스호퍼grasshopper는 메뚜기라는 뜻이다.

부장에게 결재 서류를 들고 갔다가 매번 욕먹는 당신은 헐크가 되고 싶을지도 모른다. 화가 나면 온몸이 초록색 근육질로 변하는 능력은 화를 속으로만 가라앉히는 당신에게 아주 적절하다. 하지만 헐크가 됐다고 회사에서 잘리지 않을 거란 보장은 없다는 게 문제다. 헐크도 직장은 있어야 먹고산다. 요리사를 꿈꾸는 당신은 울버린이 되고 싶을 수도 있다. 채소를 썰 때마다 손등에서 티타늄보다 강력한 칼날이 튀어나온다면 참 편리할 것이다. 물론 그것 말고는 딱히 장점이 없을 수도 있다.

남편 몸에서 나기 시작한 냄새

내가 가장 닮고 싶은 슈퍼히어로로는 앤트맨이다. 몸 크기를 마음대로 조절할 수 있는 능력은 생각보다 쓰임새가 많아 보인다. 대중교통도 공짜로 탈 수 있다. 고양이 등에 업혀 동네를 돌아다니는 것도 꽤 재미날 것이다. 욕조에 물을 채운 뒤 수영을 하는 것도 가능하다. 장난감 요트를 띄운다면 카리브해에서 휴가를 보내는 슈퍼리치의 기분도 만끽할 수 있다. 25평짜리 집을 1천평짜리 대저택처럼 쓸 수도 있다. 여기까지 쓰고 나니 약간의 자괴감이 몰려온다. 슈퍼파워를 가진다면 세상을 구하는 히어로가 되어야 마땅한데 나의 소시민적 상상력은 기껏해야 이 정도니까 말이다.

우리가 사는 세상은 마블의 우주가 아니다. 인간에게는 슈퍼파워가 없다. 인간은 슈퍼히어로가 될 수 없다. 인간의 능력이란 어느 정도 정해져 있다. 우리 모두 그렇게 믿는다. 그러나 인간은 생각보다 신비하거나 신기한 존재이기도 하다. 자연이 돌연변이를 만들어내듯이 인간에게도 원인 모를 이유로 슈퍼파워 능력이 발현되며, 스스로 모르던 슈퍼파워를 뒤늦게 발견하는 일도 아주 가끔 벌어진다. 이를테면 어떤 인간은 타인의 병을 냄새로 진단할 수 있다. 마블 우주 바깥에서 가능한 일이냐고? 그렇다. 가능하다. 일흔두 살 영국 여성이 그 증거다.

스코틀랜드 퍼스시에 사는 조이 밀른은 남편을 파킨슨병으로 잃었다. 파킨슨병은 뇌의 도파민계 신경이 파괴되면서 움직임에 장애가 생기는 질환이다. 19세기 말 이 병을 처음으로 학계에 보고한 영국 의사 제임스 파킨슨

James Parkinson의 이름을 따서 파킨슨병이라고 부른다. 1천 명에 1명꼴로 발생하는 병이니 생각보다 흔하다. 특히 한국인에게는 파킨슨병 발병 유전자가 있다. 다른 인종보다 발병이 더 잦다는 소리다. 60살 이상 한국인의 유병률은 10만 명당 165.9명에 달한다. 미리 진단하는 것이 거의 불가능한 병으로도 알려져 있다.

조이 밀른의 남편도 파킨슨병으로 오랫동안 투병을 하다 죽었다. 그런데 조이 밀른은 전직 의사인 남편이 파킨슨병을 진단받기 6년 전부터 이상한 조짐을 느꼈다. 남편의 몸에서 묘한 냄새가 나기 시작한 것이다. 향수에 많이 쓰이는 사향Musk이었다. 다른 사람들은 조이 밀른 남편의 사향 냄새를 맡지 못했다. 남편도 자신의 냄새를 맡지 못했다. 조이 밀른은 그 모든 게 자신의 후각이 지나치게 예민한 탓이라고만 생각했다. 몇 년 뒤 남편이 파킨슨병을 진단받고 병원에 입원하자 조이 밀른은 놀라운 사실을 깨달았다. 병원에 있는 다른 파킨슨병 환자들에게서도 남편과 똑같은 냄새가 난다는 것이었다. 그냥 지나칠 수가 없을 정도로 확실한 냄새였다. 조이 밀른은 이를 스코틀랜드의 파킨슨병 전문 연구자들에게 알렸다. 다행히도 그

동네 연구자들은 그의 보고를 그냥 지나치지 않았다.

"저주인 동시에 축복인 능력"

에든버러대학의 틸로 쿠나스Tilo Kunath 박사는 2012년 조이 밀른의 후각을 테스트했다. 파킨슨병을 앓고 있는 환자와 건강한 사람을 6명씩 모았다. 각각의 실험 대상자들이 오랫동안 입었던 티셔츠를 조이 밀른에게 건넸다. 티셔츠 냄새만으로 파킨슨병 환자인지 아닌지를 판정해 달라고 했다. 밀른은 12명 중 11명의 파킨슨병 여부를 알아맞혔다. 놀라운 일이었다. 더 놀라운 일도 있었다. 12명 중 밀른이 오판한 것으로 여겨졌던 나머지 1명 역시 실험이 끝난 지 8개월 뒤 파킨슨병을 진단받은 것이다. 파킨슨병은 엑스레이, 전산화단층촬영CT, 자기공명영상MRI 같은 진화한 임상 검사로도 미리 발견할 수 없는 병이다. 도대체 어떻게 스코틀랜드의 평범한 여성은 파킨슨병의 냄새를 맡을 수 있는, 보통의 인간 능력을 뛰어넘는 슈퍼파워를 갖게 된 걸까? 그건 알 수 없는 일이다. 그는 그냥 그

능력을 타고난 것이다.

조이 밀른의 슈퍼파워는 여러 국가에서 진지하게 연구되고 있다. 가장 좋은 소식은 2022년 초 중국으로부터 전해졌다. 저장대와 톈진중의약대 등 공동 연구팀은 밀른의 사례를 연구한 뒤 파킨슨병을 미리 진단할 수 있는 인공지능 후각 시스템을 개발했다. 밀른이 맡은 냄새는 환자들의 피지로부터 나오는 냄새였다. 파킨슨병 환자들의 몸에서는 효모, 효소와 호르몬이 더 많이 발생한다. 피지도 보통 사람보다 더 많이 분비된다. 연구팀은 파킨슨병 환자와 건강한 사람들의 몸에서 피지를 채취한 뒤 휘발성인 유기화합물을 인공지능 후각 시스템으로 분석했다. 그러고는 파킨슨병 환자들에게서 건강한 사람과 달리 세 가지 냄새 화합물(옥탄올, 페릴알데하이드, 헥실아세테이트)이 분비된다는 사실을 발견했다.

아직 인공지능 후각 시스템은 조이 밀른의 코처럼 완벽하지는 않다. 파킨슨병 환자를 찾아내는 정확도는 70% 정도다. 그러나 이미 시작된 연구는 점점 발전할 것이다. 곧 우리는 환자의 냄새로 파킨슨병 여부를 완벽하게 진단할 수 있는 의학적 기술을 보유하게 될 것이 틀림없다.

2022년 9월 〈가디언〉 기사에 따르면 조이 밀른은 후각으로 암이나 결핵 같은 다른 병을 구분할 수 있는지 여부를 밝혀내기 위해 전 세계 과학자들과 협력 중이다. 스코틀랜드의 작은 도시에 살던 평범한 여성으로서는 좀 부담스러운 일일 수도 있겠다. 그는 〈가디언〉과 한 인터뷰에서 자신의 능력을 일종의 '저주'라고 말한다. "맞아요. 이건 저주일 수 있어요. 하지만 저는 탄자니아에서 결핵 관련 연구를 했고 미국에서는 암 연구를 돕고 있어요. 그러니 이건 저주인 동시에 축복이기도 합니다."

작은 '슈퍼파워'를 각성하는 순간

나는 조이 밀른의 말에서 우리 시대 가장 위대한 슈퍼히어로로 영화 중 한 편일 〈스파이더맨〉의 대사를 절로 떠올린다. "큰 파워에는 큰 책임이 따른다"With great power comes great responsibility는 유명한 대사 말이다. 어쩌면 우리는 모르는 사이에 이미 탄생한 슈퍼히어로들과 살아가고 있는 걸지도 모른다. 가만 생각해보면 아인슈타인Albert Einstein이나 스티븐 호킹Stephen Hawking처럼 슈퍼브레인을 가진 채 태어나 지구와 우주와 시간의 비밀을 밝혀낸 사람들도 일종의 슈퍼히어로다. 타인의 작은 불행도 그냥 지나치지 않는 높은 사회적 감수성을 지닌 사람들도 슈퍼히어로다. 그들이 자신의 파워를 각성하는 순간 인류의 삶은 더 풍요로워질 것이다. 세상에는 수많은 슈퍼히어로가 이미 우리 사이에서 살아가고 있다. 그 사실을 일깨워주는 건 누군가의 작은 슈퍼파워도 농담으로 간주하고 그냥 지나치지 않는 사회적 시스템이다.

어쩌면 당신에게도 슈퍼파워가 있을 것이다. 어젯밤 출장 갔다 온 남편 몸에서 다른 여성이나 남성의 냄새를 분명하게 맡을 수 있다면? 급하게 뿌린 페브리즈 향에서도 그 냄새를 구분할 수 있다면? 그건 분명한 슈퍼파워다. 비록 지금 당신의 슈퍼파워는 이혼 서류에 도장을 찍는 데에만 제대로 활용되겠지만, 뭐 어떤가. 캡틴 아메리카도 말하지 않았던가. "때로는 다시 시작하는 게 최선이야"라고.

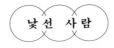

낯 선　사 람

ⓒ 김도훈, 2023

초판 1쇄 인쇄 2023년 04월 20일
초판 1쇄 발행 2023년 04월 27일

지은이 김도훈
펴낸이 이상훈
편집팀 허유진 원아연
마케팅 김한성 조재성 박신영 김효진 김애린 오민정

펴낸곳 (주)한겨레엔 www.hanibook.co.kr
등록 2006년 1월 4일 제313-2006-00003호
주소 서울시 마포구 창전로 70(신수동) 5층
전화 02-6383-1602~3 **팩스** 02-6383-1610
대표메일 book@hanien.co.kr

ISBN 979-11-6040-994-9 (03300)

• 책값은 뒤표지에 있습니다.
• 파본은 구입하신 서점에서 바꾸어 드립니다.
• 이 책의 일부 또는 전부를 재사용하려면 반드시 저작권자와 (주)한겨레엔 양측의 동의를
  얻어야 합니다.